Adriano Schlösser

Bellezza e attrazione interpersonale: rappresentazioni e pratiche sociali

AF154757

Adriano Schlösser

Bellezza e attrazione interpersonale: rappresentazioni e pratiche sociali

Rappresentazioni e pratiche sociali

ScienciaScripts

Cover image: www.ingimage.com

This book is a translation from the original published under ISBN 978-613-9-63879-6.

Publisher:
Sciencia Scripts
is a trademark of
Dodo Books Indian Ocean Ltd. and OmniScriptum S.R.L publishing group

120 High Road, East Finchley, London, N2 9ED, United Kingdom
Str. Armeneasca 28/1, office 1, Chisinau MD-2012, Republic of Moldova, Europe
Printed at: see last page
ISBN: 978-620-7-38384-9

SOMMARIO

"L'amore è tutto, senza amore non siamo niente". "La bellezza è negli occhi di chi guarda". Queste e altre frasi presentate nel discorso sociale portano con sé un intero quadro di conoscenze e percezioni su questi fenomeni così presenti nella vita quotidiana. Valori, concetti e concezioni, sia del corpo ideale e dei suoi standard estetici, sia di un rapporto d'amore e di amicizia ideale, sono stati presenti nel corso dei secoli in tutte le società, e le loro manifestazioni sono state veicolate attraverso varie forme d'arte, come la pittura, la scultura, la poesia e altre opere letterarie. Oggi, questi modelli estetici e relazionali stanno prendendo forma e si stanno diffondendo attraverso i mass media.

Come fenomeno presente nella storia dell'umanità, l'attrazione interpersonale è stata studiata fin dall'antichità, con temi come l'amicizia e l'amore già dibattuti da filosofi e pensatori dell'età antica. Per Aristotele (384-322 a.C.), l'amicizia si suddivide in tre forme: *piacevole* (sostenuta da momenti di gioia), *utilitaristica* (basata su scambi) e *vera* (in cui la preoccupazione ruota attorno al bene dell'amico, non per ciò che possiede, ma essenzialmente per ciò che è). Socrate (469-399 a.C.), nelle sue riflessioni sull'amore e sulle relazioni amorose, sosteneva che amare è desiderare ciò che ci completa, cercando così la perfezione e placando l'angoscia della solitudine.

In tutto questo, la bellezza è sempre stata un tema presente nella costruzione del pensiero umano, fornendo teorie, interpretazioni e divagazioni intorno alla bellezza. Per Socrate, la bellezza specifica di un corpo è solo un modello della bellezza dei corpi in generale, e quando ce ne rendiamo conto, la fissazione su un corpo particolare viene minimizzata e cominciamo ad apprezzare la bellezza ovunque si trovi, dalla filosofia all'essenza della bellezza nella corporeità delle forme.

C'è una standardizzazione della bellezza, che stabilisce i limiti di ciò che è normale, accettabile ed estetico (Wolf, 1992). I media, con i loro programmi che diffondono in modo occulto comportamenti, rappresentazioni e atteggiamenti alla popolazione, trasmettono standard di bellezza socialmente accettati che vengono stimolati in modo che le persone credano di avere un maggiore repertorio di partner affettivi e, di conseguenza, possibili relazioni di successo - sia d'amore che di amicizia - mediate dalla bellezza.

Pubblicità, programmi sulla vita di personaggi famosi, riviste e altri media mostrano indirettamente che l'aspetto fisico è responsabile del successo e della felicità nelle relazioni interpersonali. Questo porta alla percezione distorta che, per ottenere questi vantaggi, sia necessario avere determinati standard estetici, contando così sull'aiuto dell'industria della bellezza, che promuove soluzioni rapide per raggiungere lo standard estetico ideale (Goetz, 2009).

Socialmente si ritiene che le persone belle siano: più popolari, intelligenti, sicure di sé, sessualmente eccitanti, esperte, più propense a flirtare e ad avere amici, oltre ad altri vantaggi (Etcoff, 1999). Questa situazione può essere spiegata con la *teoria* dell'*effetto alone,* secondo la quale la valutazione di una caratteristica interferisce con il giudizio delle altre, contaminando il risultato complessivo (Rosenzweig, 2007).

Sulla base dei costrutti di bellezza odierni, è necessario identificare quali siano questi standard di attrattività, attraverso nuovi contributi teorici. A tal fine, il concetto di bellezza fisica adottato in questo lavoro si basa sul fatto che questo attributo è inerente al corpo (Ferreira, 2004). A questo concetto si aggiunge la definizione di Andrieu (2006) di bellezza come qualità attribuita a un corpo da un individuo o da una società, dato che un'immagine che piace a un gruppo tende a diventare uno stampo e viene successivamente riprodotta da altri.

Per sostenere queste prospettive, l'industria pubblicitaria e cosmetica presenta standard di bellezza da seguire: l'immagine delle modelle. Questi individui sono presentati come icone estetiche e come il modo più sicuro per raggiungere il successo e la felicità, attraverso l'immagine della perfezione fisica, associata alla giovinezza e alla salute. Di conseguenza, le persone iniziano a riferirsi alle modelle come rappresentanti di una "estetica della perfezione" (Vilhena, Medeiros, & Novaes, 2005).

Per raggiungere questo obiettivo, una delle strategie contemporanee è quella di eseguire interventi chirurgici a scopo estetico, consentendo di ottenere riconoscimento e potere dalla bellezza delle celebrità. Nel 2013, il Brasile ha raggiunto il primo posto nella *classifica* mondiale della chirurgia plastica, superando gli Stati Uniti, secondo un rapporto della Società internazionale di chirurgia plastica estetica. Secondo Stephen S. Park, presidente dell'American Academy of Plastic Surgery nel 2015:

alcune persone sono attratte dal potere, dalla fama e dal fascino *che l'essere una celebrità comporta (...). È importante ricordare che cambiare semplicemente il proprio aspetto non darà lo stesso livello di riconoscimento. Spesso le foto delle celebrità sono talmente ritoccate da distorcere la loro immagine; questo, a sua volta, può generare aspettative irrealistiche, che incoraggiano i consumatori a ricorrere a interventi chirurgici eccessivi o radicali* (2015, apud Gracindo, 2015, p. 526).

Le procedure non invasive associate alla bellezza fisica sono presenti anche nella vita quotidiana delle città brasiliane, come ad esempio i saloni di bellezza. Una ricerca del Servizio brasiliano di sostegno alle micro e piccole imprese (Sebrae) ha indicato che tra il 2010 e il 2015 il numero di registrazioni nel settore è aumentato del 567% nel Paese.

Tuttavia, la bellezza non sempre porta benefici. Sebbene le persone belle siano più popolari come potenziali partner romantici, la situazione si inverte quando si tratta di amicizia (Krebs & Adinolfi, 1975). Secondo Etcoff (1999), le donne belle hanno problemi a fare amicizia con altre donne e sono meno apprezzate dagli altri. Questo perché, a contatto con una persona molto più bella, alcune persone possono sentirsi a disagio e minacciate.

Si tratta del cosiddetto "effetto contrasto" (Kenrick & Gutierres, 1980), che significa che le persone si sentono più belle quando sono circondate da persone meno belle o allo stesso livello, e più brutte quando sono a contatto con persone riconosciute come più belle. Questi confronti sociali non avvengono solo quando approviamo o disapproviamo deliberatamente le persone che ci passano accanto, ma anche automaticamente.

Partendo da questi presupposti, entriamo nel campo dell'attrazione interpersonale, intesa qui come una forma di influenza sociale e di interdipendenza che attraversa le relazioni interpersonali, corrispondente alle componenti affettive delle relazioni sociali, incentrate su emozioni, sentimenti e atteggiamenti positivi verso un'altra persona, manifestati dal desiderio di avvicinarsi a queste persone (Fisher, 2002; Leyens & Yzerbyt, 1997; Alferes, 2004).

Come oggetto di studio scientifico, lo studio delle relazioni, dell'attrazione interpersonale e della bellezza è costituito da diverse aree del sapere, come l'antropologia, l'etologia, la sociologia e la comunicazione. Nell'ambito delle scienze psicologiche, questi fenomeni sono indagati soprattutto nei campi della psicologia sociale, della psicologia dello sviluppo, della psicologia della personalità e della psicologia clinica (Duck & Perlman, 1985).

Le relazioni amorose possono essere concettualizzate come forme di relazioni interpersonali dotate di un significato speciale e sono combinate nella loro capacità di discriminare, positivamente o negativamente, tra le situazioni di interazione (Alferes, 2004). Più specificamente, le relazioni amorose coinvolgono sentimenti considerati importanti in una relazione affettiva, come l'amore, la compagnia, l'uguaglianza, il sesso e la procreazione (Matos, Feres-Carneiro, & Jablonski, 2005).

Poiché ogni forma di interazione interpersonale coinvolge diversi individui e può rappresentare l'accesso a risorse importanti per il successo, sia esso professionale, affettivo o di altro tipo, la ricerca di partnership in diverse forme diventa fondamentale per l'interazione sociale (Castro, 2009). Al giorno d'oggi, la realtà sociale ha evidenziato nuovi paradigmi di attrazione interpersonale, che emergono non solo nelle relazioni con presenza fisica, ma anche *online, essendo* questa una nuova forma di contatto interpersonale, in cui gli individui compongono le loro amicizie e relazioni amorose attraverso *chat e* siti *di incontri* (Coleta, Coleta, & Guimaraes, 2008).

Un aspetto importante della scelta del fenomeno dell'attrazione interpersonale come argomento principale di questo libro è la sua relazione intrinseca con il benessere soggettivo, dal momento che le relazioni interpersonali sono tra le principali cause di felicità, insieme al lavoro e al tempo libero (Argyle, 2001; Souza, 2006). Dato che l'aspetto è la parte più pubblica di una persona, gli standard di bellezza entrano in gioco come proporzioni e aspetti fisici considerati sessualmente attraenti, agendo direttamente sulle rappresentazioni sociali della bellezza, poiché i modi di comportamento e di pensiero sono diffusi in relazione agli standard corporei (Camargo, Goetz, Bousfield, & Justo, 2011), interferendo sia negli atteggiamenti verso la bellezza sia nel modo in cui le persone si relazionano nelle loro interazioni sociali.

Studi precedenti hanno dimostrato che le persone belle hanno maggiori probabilità di trovare partner romantici (Krebs & Adinolfi, 1975) e preferiscono individui simili per le relazioni romantiche, e la bellezza è uno dei principali attributi valutati (Buss, 1994). Tuttavia, possono avere problemi a stabilire amicizie con persone dello stesso sesso (Ornelas, 2010; Etcoff, 1999; Kenrich & Gutierrez, 1980).

Tenendo presente che la bellezza è un fenomeno dotato di significati, impressioni e valori, che permeano dal livello individuale a quello sociale, l'obiettivo di questo libro è quello di introdurre il lettore a questi temi che fanno parte del quadro teorico di una delle principali aree della psicologia, la psicologia sociale. Nel corso dei capitoli verranno presentate sintesi generali di questi fenomeni, rispondendo alle domande che ci poniamo quotidianamente sull'importanza della bellezza nelle nostre relazioni sociali, ma anche stimolando nuove domande, utili per lo sviluppo di nuove ricerche. Vengono inoltre presentati alcuni studi già realizzati, favorendo così la prospettiva che, pur essendo un argomento di pertinenza sociale, vi sia un crescente interesse scientifico per l'argomento.

Dalla filosofia, attraverso le arti e fino alla scienza, la bellezza è stata oggetto di riflessione, ammirazione e studio per secoli, ed è stata persino considerata come composta in parti uguali da carne e immaginazione (Etcoff, 1999). All'interno di questo territorio tematico, esistono vari contributi e riflessioni sulla bellezza, che viene intesa in modi diversi: la bellezza come sistema monetario per legittimare il dominio maschile, tenendo le donne fuori dalle sfere del potere (Wolf, 1992); la bellezza come manifestazione del sacro e del profano (Bynum, 1989); la bellezza come strategia di adattamento biologico, in cui le persone belle hanno buoni geni e maggiori possibilità di riprodursi (Batten, 1995), insomma, nessuna definizione può catturarne appieno il significato.

Portando la bellezza alla luce della razionalità empirica, anche la sua definizione è complessa, poiché varia a seconda delle influenze sociali e situazionali. Secondo il dizionario Larousse, la bellezza è definita come *"la qualità di ciò che è bello, secondo l'ideale estetico. Armonia, perfezione delle forme"*, mentre il dizionario Aurelio la definisce come *"qualcosa di bello, molto piacevole o molto gustoso"*. Entrambe le definizioni generalizzano e soggettivizzano la bellezza.

In ambito scientifico, le prospettive a volte si completano e a volte divergono, a causa dell'esperienza soggettiva che si interseca con fattori estrinseci e intrinseci che influenzano la percezione della bellezza. Mentre Ferreira (2004) la definisce come un attributo inerente al corpo, integrata da Andrieu (2006) come una qualità che un individuo o una società ha per un corpo che piace a un gruppo, che poi lo riproduce, la prospettiva evoluzionista intende la bellezza come uno scopo riproduttivo: la bellezza come risorsa per attrarre partner per la copula e la riproduzione (Batten, 1995).

Per Sones (2004), il concetto di bellezza si riferisce al modo in cui l'attrazione tra gli esseri umani influenza il modo in cui le persone percepiscono e pensano gli uni agli altri. Per questo autore, la bellezza tende a far sentire le persone interessate all'altro, portandole a essere considerate più socievoli e intelligenti, associandole a persone moralmente buone (Dion, Bersheid, & Walster, 1972), a una maggiore influenza sociale (Hamermesh & Briddle, 1994) e a un maggiore successo nelle relazioni amorose (Murstein, 1972; Etcoff, 1999).

Per la psicologia sociale, la bellezza fisica è intesa come uno degli attributi personali che influenzano la genesi delle relazioni interpersonali, più specificamente l'attrazione interpersonale (Rodrigues, Assmar, & Jablonski, 2002), dato che il corpo è un oggetto che contiene bellezza, che richiede, in molti casi, tecniche di abbellimento per valorizzarlo (Alferes, 2004). A completamento di questa prospettiva, Vala e Monteiro (2006) sottolineano che la consapevolezza della propria bellezza fisica e di quella degli altri interferisce direttamente con le interazioni sociali, influenzando il modo in cui ci si rapporta al corpo come corpo individuale (fisico e psicologico) e come corpo sociale (quest'ultimo è l'essenza dell'immagine corporea, dettata dalla società).

Per Jodelet, Ohana, Bessis-Monino e Dannenmuller (1982) l'immagine esterna del corpo si presenta come mediatore dello spazio sociale in cui l'individuo è inserito. Essa agisce anche come mediatore della conoscenza dell'altro e di se stessi, che si stabilisce attraverso le relazioni sociali (Jodelet, 1994).

Gli studi condotti da Langmeyer e Shank (1994; 1995) sulla bellezza e l'attrazione mostrano che l'attrazione è legata più all'attrazione fisica, mentre la bellezza è associata all'attrazione in generale, non solo all'aspetto fisico. In questi studi, la bellezza si basa inizialmente sull'attrattiva fisica e successivamente su intelligenza, comportamento, personalità, salute, abitudini e comunicazione.

Uno standard - o ideale - di bellezza è definito come un modello specifico di aspetto, che viene riprodotto culturalmente e plasmato dalle relazioni sociali, dalla cultura, dalla politica e dall'economia. Va sottolineato che, anche se esistono standard specifici, la loro percezione è privata e varia da individuo a individuo. Tenendo presente che l'aspetto è la parte più pubblica di una persona e che ogni periodo storico ha presentato determinati canoni di bellezza, gli standard di bellezza entrano in gioco come proporzioni e aspetti fisici considerati sessualmente attraenti.

Il discorso sugli standard estetici non è nuovo. Mentre la Mesopotamia si interessava poco alla bellezza, nell'Antico Egitto gli egiziani avevano già sviluppato un intero arsenale di prodotti per la cura della pelle - come l'uso dell'argilla e della pomice per l'esfoliazione, i profumi, i bagni quotidiani con acqua e carbonato di calcio, le creme a base di ocra per far risplendere la pelle al sole, l'ombretto e il *kajal* per scurire gli occhi, nonché le creme per le mani, le unghie e i capelli - (Faux, 2000).

Nell'Antica Grecia, l'estetica si basava su quattro elementi: chiarezza, simmetria, armonia e colore intenso, in cui i presupposti matematici dell'unità, dell'ordine e dell'organizzazione spaziale fungevano da modelli, secondo la definizione pitagorica (V e IV secolo a.C.) della bellezza.C.) della bellezza, in cui si basava su "un equilibrio tra due entità opposte che si neutralizzano a vicenda, di una polarità tra due aspetti che sarebbero contraddittori l'uno con l'altro e che diventano armoniosi [...]" (Eco, 2004, p. 72). La visione greca della bellezza comprendeva anche qualità interne, legate al carattere dell'individuo - come la giustizia, la misura, la convenienza, ad esempio.

A sua volta, Roma aveva la caratteristica di apprezzare la magrezza a scapito degli individui obesi, e dopo i sontuosi banchetti romani, gli individui ricorrevano a pratiche bulimiche di vomito indotto, e questo fenomeno era socialmente accettato e incoraggiato, al fine di non ingrassare.Con l'avvento del cristianesimo, il Medioevo iniziò a esercitare un'importante influenza sugli standard di bellezza, enfatizzando la bellezza naturale e verginale - condannando l'uso di cosmetici e altri strumenti di bellezza.

Gli aspetti fisici che venivano apprezzati erano: un viso simmetrico, una pelle chiara, un seno rotondo, una vita sottile, un ventre arrotondato e un corpo snello e aggraziato, valorizzando così l'aspetto di una donna più grassoccia e corpulenta, poiché il grasso era considerato seducente ed erotico (Vigarello, 2006). Per quanto riguarda le norme comportamentali legate alla bellezza, l'umiltà, la modestia e la castità erano considerate fondamentali per una donna modesta.

In questo periodo, in vista dell'egemonia cristiana sulle pratiche sociali, filosofi e teologi descrissero le loro prospettive su vari argomenti, tra cui la bellezza. Tra questi pensatori, Tommaso d'Aquino fu particolarmente rilevante nei suoi concetti sulla natura della bellezza. Per questo pensatore, che ha influenzato il modo medievale di concettualizzare la bellezza, essa dovrebbe consistere in tre aspetti fondamentali: la proporzione (o armonia), l'integrità (o perfezione) e la chiarezza (o splendore) (Teixeira, 2012), poiché la bellezza dovrebbe avere un legame con il sacro e quindi essere un dono divino (Eco, 2004).

A partire dal Rinascimento, la bellezza ritorna ai presupposti greci di proporzione e misura, e i pittori cercano costantemente la misura perfetta della bellezza. Il trucco e l'uso dei cosmetici abbandonano il loro carattere malevolo e assumono i contorni della conquista, diffondendosi attraverso i trattati sulla bellezza, anche se si discute ancora se l'uso di questi strumenti estetici non crei una bellezza disonesta (Faux, 2000).

Si usava anche la polvere di riso per rendere la pelle più bianca, così come il piombo, l'arsenico e il nitrato, oltre a una particolare cura per i capelli, che venivano tinti di biondo, vicino al rosso (Eco, 2004). Per quanto riguarda l'abbigliamento, l'uso dei corsetti conferiva maggiore grazia alle forme femminili, così come gli oggetti di ornamento che abbellivano le donne.

Nel XVI e XVII secolo, l'immagine femminile - sempre presentata come sinonimo di bellezza - assume forme più modeste attraverso le produzioni artistiche, e viene mostrata nei suoi ruoli di educatrice, moglie e casalinga. Nel XVIII secolo, invece, la figura femminile viene presentata in modo più rilassato, senza l'uso di corsetti e con i capelli sciolti, in incontri con altre donne. In questo periodo, il concetto di bellezza era associato alla capacità dell'individuo di produrre o giudicare qualcosa di bello, e la bellezza poteva essere definita come qualcosa di proporzionato e armonioso, oltre che nella sua varietà (Eco, 2004).

Il XIX secolo vedeva la bellezza come qualcosa di indefinibile e innaturale. Secondo Iwanowicz, Alves, Kofes, Lopes e Castellani Filho (1994), le donne di questo periodo iniziarono a indossare corsetti stretti, che portavano ad alterazioni fisiche del corpo, con l'obiettivo di sviluppare una vita sottile e fianchi larghi - un'immagine corporea associata allo standard ideale di bellezza dell'epoca. Inoltre, la figura femminile era caratterizzata da due tipi fisici: mentre il primo prefigurava il suo carattere delicato e fragile, il secondo si concentrava sulla sensualità, con seni pieni, gambe spesse e fianchi larghi.

Rompendo i paradigmi, il XX secolo ha visto il disvelamento del corpo femminile. Il culto dell'anima lascia il posto al culto del corpo e la bellezza diventa una priorità a scapito della salvezza dell'anima. I media hanno iniziato a diffondere standard estetici del corpo, della bellezza e della moda, che sono stati generalizzati e riprodotti in tutto il mondo, rafforzando gli ideali di bellezza da seguire (Araujo & Kuhn Junior, 2012), e questi modelli sono cambiati rapidamente, con maggiori rotture di questi valori estetici in un periodo di tempo più breve. Mentre negli anni Cinquanta l'ideale di bellezza femminile era il corpo snello e voluttuoso - come si può vedere nei concorsi di bellezza come Miss Universo e Miss America - a partire dal 1969 queste misure sono cambiate, portando a una diminuzione del peso e a un aumento dell'altezza, mentre solo le misure dei fianchi e del busto sono rimaste invariate.

Dalla fine degli anni '80, la ricerca del corpo perfetto, in termini di conformità agli standard di bellezza, è stata associata al benessere, alla qualità della vita e alla salute, portando persino a interpretazioni errate su salute e benessere, con gli anni '90 caratterizzati dall'ossessione per il corpo perfetto - e magro -. Con l'impatto che la pubblicità ha sulla vita quotidiana delle persone, i canoni estetici dei personaggi famosi - siano essi top model e/o celebrità - dettano standard corporei, abbigliamento, accessori e tagli di capelli, che vengono riprodotti in massa (Goldenberg, 2002), così che, in breve tempo, lasciano il posto a nuovi modelli che verranno anch'essi riprodotti.

Con questi "standard di bellezza fluttuanti" (Araujo & Kuhn Jr, 2012; Alma & Costa, 2011; Batista, 2008), si è discusso sulla misura in cui il discorso sulla bellezza nella pubblicità rafforza modelli specifici. Sia che si concentrino sull'eterna giovinezza e sull'imposizione di forme perfette e talvolta intangibili, sia che si concentrino sulla diversità della bellezza, questi standard finiscono per costringere - in modo velato - la popolazione ad aderire a questi stampi, portando a molti infelicità e altri problemi patologici, come la "malattia della bellezza", come la bulimia e l'anoressia, ad esempio.

Oggi la bellezza può essere associata a una triade composta da salute, giovinezza e un corpo definito, e questi fenomeni sono reciprocamente associati. Le regole estetiche non sono più dettate da dogmi religiosi, ma dall'industria dell'estetica e della moda, attraverso la pubblicità, e, lungi dall'essere meno oppressive, quando non vengono rispettate possono portare gli individui all'isolamento sociale. Oggi i media trasmettono che la bellezza è disponibile per chiunque la desideri, che può essere comprata e inventata, e che non è più un dono divino attribuito a poche persone, come si pensava fino agli anni '40 (Souza, 2011; Lipovetsky, 2000).

A tal fine, gli interventi di chirurgia estetica e non, i prodotti di bellezza e le palestre sono emersi come modi di autogestione della bellezza, che portano all'ascesa sociale, allo *status* e alla giovinezza, poiché rendono il corpo dell'individuo più attraente (Helman, 2003). La bellezza è associata alla seduzione, all'accettazione sociale, al benessere e alla salute. Questa associazione tra benessere e salute, non sempre coerente, può essere collegata nell'immaginario sociale alla prospettiva che il benessere sia legato all'immagine di sé, al benessere intrapersonale.

Tuttavia, andando contro le prerogative di un unico standard di bellezza, l'industria della bellezza ha sviluppato un nuovo paradigma: la bellezza diversificata, la bellezza "della vita reale". La bellezza, nel XXI secolo, è polivalente, o quello che Eco (2004) chiama il "politeismo della bellezza" (p.428), poiché varia a seconda del gusto di ogni individuo, così come della sua età; in altre parole, per raggiungere la bellezza, è necessario un rapporto armonioso con il tempo e le diverse fasi del ciclo di vita. Le particolarità si concentrano sulla diversità degli standard estetici, piuttosto che su un unico modello.

In questa prospettiva, l'attenzione si concentra sulla bellezza come qualcosa da raggiungere a qualsiasi età, senza un ideale esclusivo di bellezza, ma piuttosto la bellezza individuale di ogni persona, che varia a seconda dell'età. Secondo l'Associazione Brasiliana di Igiene Personale, Profumeria e Prodotti Cosmetici (Abihpec), negli ultimi 14 anni l'industria della bellezza ha registrato una crescita del 10,5%; i fattori principali sono la partecipazione delle donne al mercato del lavoro e il costante lancio di nuovi prodotti, che rispondono a diverse esigenze dei consumatori, ma con lo stesso obiettivo: mantenere la giovinezza con l'avanzare dell'età, dato che la preoccupazione per la bellezza porta la popolazione a consumare tali prodotti (Alma & Costa, 2011).

I media rafforzano l'idea che i prodotti estetici possano cambiare qualsiasi parte indesiderata del corpo, purché l'individuo lo voglia. Questa prospettiva, tuttavia, incolpa l'individuo per la sua condizione e la bellezza diventa un "dovere morale" (Novaes & Vilhena, 2003).

Secondo Andrade (2003), le rappresentazioni del corpo subiscono sia trasformazioni in relazione agli standard estetici di certi periodi storici, sia rimangono stabili per certi periodi. In uno studio condotto da Novaes (2001), la rappresentazione del corpo ideale contemporaneo è il modello atletico, definito e cesellato, che associa la bellezza fisica alla giovinezza, e di conseguenza la giovinezza alla salute.

A loro volta, gli standard di bellezza diffusi e venerati dai media agiscono direttamente sulle rappresentazioni sociali del corpo. I modi di comportarsi e di pensare in relazione agli standard corporei vengono diffusi socialmente (Camargo, Goetz, Bousfield, & Justo, 2011), interferendo così negli atteggiamenti verso la bellezza, che vanno dall'estetica alle questioni legate alla salute, generando insoddisfazione e possibili problemi somatici e psichici.

L'attrazione e la repulsione interpersonali sono state discusse nel corso dei secoli, evidenziando la loro natura socialmente costruita (Jesus, 2011). Il termine "attrazione" è usato anche in modo colloquiale, come una sorta di concezione materialistica di un fenomeno psicologico, poiché designa un tipo di forza che spinge un corpo verso un altro. Secoli prima dell'avvento della scienza, la letteratura e la filosofia forniscono esempi di come questo fenomeno fosse compreso dalla popolazione di questi periodi.

Ad esempio, l'opera mesopotamica intitolata Epopea di Gilgamesh, scritta nel 2000 a.C. o l'opera "Il banchetto", del filosofo Platone (348/347 a.C.), considerato uno dei primi studiosi dell'affettività, in cui teorizza un tipo di amore, in seguito chiamato "platoniano", oltre ad evidenziare riflessioni sulla funzione dell'affetto nella coscienza umana (Florido, 2000), riportano contenuti un tempo discussi sull'argomento. Con l'avvento del cristianesimo, numerose opere letterarie e filosofiche si concentrano direttamente o indirettamente sul tema dell'attrazione interpersonale e delle sue conseguenze, tra cui opere letterarie come "Romeo e Giulietta" e "Don Chisciotte", nonché filosofi come Nietzsche, Shopenhauer, San Tommaso d'Aquino e Agostino d'Ippona.

La psicologia sociale, ancorata al pensiero e alla metodologia scientifica, vede nel fenomeno dell'attrazione interpersonale uno dei suoi ambiti classici. Alla luce della necessità di formulare una scienza psicologica "(...) meno indeterminata in termini di riferimenti empirici per le sue teorie sugli affetti, le emozioni, i sentimenti, in breve, la dimensione affettiva che rende possibile la costituzione delle relazioni umane (...)" (Jesus, 2011, p. 239), essa presenta la sua specificità concettuale. (Jesus, 2011, p. 239), presenta la sua specificità concettuale.

L'attrazione interpersonale è concepita come una forma di influenza sociale che permea le relazioni interpersonali, corrispondente alle componenti affettive delle relazioni sociali, in altre parole alle emozioni positive, ai sentimenti e agli atteggiamenti verso un'altra persona, manifestati dal desiderio di avvicinarsi a queste persone (Fisher, 2002; Leyens & Yzerbyt, 1997; Alferes, 2004). Il suo studio mira a comprendere la genesi, il mantenimento e la rottura di specifiche relazioni sociali, in particolare quelle amicali e amorose.

Inoltre, si basano fondamentalmente sulla volontà di valutare positivamente o negativamente le situazioni di interazione umana, selezionando così i comportamenti sociali più adatti a formare legami, nonché gli individui che consideriamo suscettibili di darci piacere (Leyens & Yzerbyt, 1997). Sebbene esistano alcuni studi sull'attrazione interpersonale a livello di gruppo, la maggior parte delle ricerche si concentra sulle relazioni duali, con l'obiettivo di identificare l'origine, lo sviluppo e la fine di queste relazioni (Berscheid, 1986; Huston, 1974).

I primi studi sull'attrazione interpersonale sono iniziati alla fine degli anni '50 e sono cambiati negli anni '70, come segue: a) una maggiore attenzione agli studi sulle interazioni nelle relazioni continuative; b) una migliore distinzione tra le forme di attrazione, spiegando le relative condizioni antecedenti e sottolineando la diversità dei processi psicologici che la compongono; e c) il cambiamento del focus di indagine dai fattori di attrazione, intesi in modo isolato, alle *strategie di autoconservazione* (enfasi sul ruolo dell'individuo come attore sociale) e alla *natura delle situazioni che generano attrazione* (valorizzando il ruolo dei contesti interpersonali e delle norme sociali che strutturano le interazioni umane) (Alferes, 2004). Tuttavia, gli studi precedenti agli anni Cinquanta hanno fornito un supporto a questo campo di ricerca, come la teoria sociometrica di Moreno (1934), che ha segnato la genesi degli studi sistematici sull'attrazione interpersonale, poiché mirava a ricostruire gli aspetti strutturali e dinamici delle reazioni affettive all'interno dei gruppi.

In seguito, l'uso della sociometria negli studi sull'attrazione interpersonale è stato affiancato dalle teorie della *coerenza cognitiva* (o teorie dell'equilibrio), *a partire dagli* anni Cinquanta. Secondo le teorie della coerenza cognitiva, gli atteggiamenti sono formulati secondo il principio dell'armonia e della congruenza, in cui gli atteggiamenti sono organizzati come un insieme coerente e internamente consistente, generando così equilibrio nelle relazioni stabili. Nel 1961, Newcomb avviò uno studio sull'influenza di atteggiamenti simili sullo sviluppo di amicizie in gruppi di studenti universitari che vivevano insieme per un periodo di due anni.

Per costituire questo campo di ricerca, alcune teorie spiccano nello studio dell'attrazione interpersonale: La *teoria dell'equilibrio* di Heider (1958), la *teoria dell'equilibrio* di Newcomb (Fehr, 1996) e le *teorie del rinforzo* e dello *scambio sociale* (Homans, 1961). Secondo Heider (1958), le dinamiche dell'attrazione interpersonale sono innescate da esigenze di organizzazione cognitiva. Un sistema di cognizioni si forma attraverso una relazione triadica composta dai seguenti elementi: cognizioni relative al soggetto (P), a un altro soggetto (O) e a un oggetto, evento o individuo esterno (X) (Heider, 1958). Così, una relazione è considerata equilibrata quando tutte le possibili relazioni tra P, O e X sono positive, o se due sono negative e una positiva, altrimenti è sbilanciata, causando così uno stato psicologicamente spiacevole nella relazione, generando una rottura.

Per il modello di Newcomb, invece, gli atteggiamenti verso le persone hanno una valenza diversa da quella degli atteggiamenti verso gli oggetti, e lo stato di equilibrio si raggiunge quando due individui provano attrazione reciproca e hanno atteggiamenti simili verso un determinato oggetto, poiché il fattore somiglianza è fondamentale per il verificarsi dell'attrazione (Newcomb, 1961). Questa affermazione si basa su uno studio condotto da Newcomb su studenti universitari, in cui ha osservato che gli studenti erano più attratti da compagni con atteggiamenti simili e a cui piacevano le stesse persone, indicando così un'interrelazione tra attrazione interpersonale e atteggiamenti simili. Inoltre, Newcomb (1960) distingue tra le varianti dell'attrazione interpersonale, presentandole come accettazione, ammirazione, apprezzamento e altre, nonché "attrazione generale", che è un insieme di tutte le forme descritte.

Le teorie del rinforzo e dello scambio sociale adottano una prospettiva comportamentista, in cui l'attrazione è intesa come una risposta anticipatoria a un certo obiettivo o meta, acquisita attraverso il meccanismo del rinforzo secondario, poiché, associando una certa persona a uno stimolo rinforzante, essa diventa il bersaglio dell'attrazione, indipendentemente dal fatto che questa persona abbia contribuito o meno a diventarlo (Lott & Lott, 1968). Analogamente, Byrne (1971; 1992) propone un modello in cui l'attrazione è definita come una risposta affettiva implicitamente presente a uno stimolo inizialmente neutro, ma che viene progressivamente associata a uno stimolo positivo incondizionato, e la risposta affettiva è associata a una valutazione positiva, generando così attrazione.

Ma perché le persone si associano tra loro? Per Schachte (1959), le persone hanno bisogno di associarsi e provano disagio quando vengono private di questo contatto. Alla luce di questi presupposti teorici, l'attrazione coinvolge alcuni fattori che costituiscono la dinamica del fenomeno, presentandosi come determinanti dell'attrazione interpersonale e nella genesi delle relazioni interpersonali: la vicinanza fisica, l'identità di valori e atteggiamenti, la bellezza fisica, l'autostima e le strategie di seduzione.

Secondo la prospettiva della *prossimità fisica,* sostenuta da alcuni studi (Festinger, Schachter & Back, 1950; Whyte, 1956; Byrne & Buhler, 1964), la situazione di costante contatto fisico tra coetanei si correla positivamente con la formazione di una relazione interpersonale di attrazione tra loro. Può persino ridurre i pregiudizi (Kephart, 1967) e svolge quindi un ruolo significativo nelle relazioni d'amore e d'amicizia.

I fattori che rendono possibile questa correlazione sarebbero: a) la *convenienza* (la vicinanza rende la relazione più confortevole, riducendo i costi della distanza fisica); la *familiarità* (il contatto frequente tende a portare a una relazione più amichevole); l'*opportunità di una maggiore conoscenza reciproca (poiché* la vicinanza fisica permette di prevedere meglio il comportamento delle persone vicine); e la *semplice familiarità derivante dalla frequenza degli incontri* (poiché il contatto frequente permette di sviluppare sentimenti più positivi verso persone e/o oggetti). Vale la pena sottolineare che la vicinanza fisica non sempre porta a una maggiore attrazione interpersonale, poiché la vicinanza fisica nell'animosità tende ad aggravare i problemi già esistenti (Rodrigues et al., 2002).

Per quanto riguarda l'*identità di valori e atteggiamenti e altre caratteristiche*, la percezione di somiglianza in relazione a valori, atteggiamenti, sentimenti, comportamenti e altre caratteristiche personali suscettibili di valutazione tende ad avere un'influenza positiva sulla formazione di sentimenti positivi tra pari (Ventorini & Garcia, 2004). L'esistenza di un'attrazione interpersonale può anche portare a distorsioni percettive quando "vediamo" somiglianze valutative e attitudinali con le persone da cui siamo attratti - questo fenomeno è chiamato *assimilazione* (Hovland, Janis, & Kelley, 1953).

A riprova di ciò, alcuni esperimenti hanno già dimostrato il verificarsi di questi fenomeni (Hovland, Harvey & Sherif, 1957; Kelman, 1965). Essi sottolineano che l'esistenza di sentimenti positivi e negativi tra gli individui finisce per innescare distorsioni percettive nell'osservazione comportamentale di un'altra persona, nel senso di osservarla in modo positivo o negativo.

Le possibili spiegazioni di questo fattore sono le seguenti: a) la *riduzione dei costi nel processo di interazione sociale* (maggiore è la somiglianza tra i pari, minore è il numero di conflitti e maggiore è il consenso delle opinioni); b) l'*instaurazione della realtà sociale* (cerchiamo un maggiore contatto con persone che legittimino le nostre idee, nonché l'instaurazione di un punto di vista comune, generando così una realtà sociale in cui l'individuo è inserito); c) il *soddisfacimento del bisogno di confronto sociale* (quando ci associamo a un'altra persona, le sue capacità e opinioni vengono automaticamente confrontate con le nostre); e d) il *ruolo di rinforzo dell'accordo,* in cui Sullivan (1947) sostiene che gli individui affermano i propri atteggiamenti concordando con gli altri. Zimbardo (1960) supporta empiricamente questa scoperta, sottolineando che gli amici in disaccordo tendono a modificare le loro opinioni per renderle più simili, e Rainio (1961) in cui l'accordo di opinioni nelle interazioni sociali è visto come compensativo e il disaccordo come punitivo.

Per quanto riguarda la categoria della *bellezza fisica,* questa è uno dei principali fattori di attrazione nella genesi delle relazioni interpersonali ed è stata ampiamente studiata negli ultimi due decenni. Per Berscheid (1986) e Berscheid e Reis (1998), gli effetti positivi della bellezza fisica sull'attrazione mostrano una notevole coerenza attraverso le variabili di età, genere e socio-economia, senza trascurare la variabilità storica e culturale presente nella bellezza e nei suoi standard (Silverstein, Perdue, Peterson & Kelley, 1986). Tuttavia, vale la pena di notare che la valutazione della bellezza fisica non si concentra esclusivamente su attributi oggettivi, ma anche su fattori situazionali - ad esempio, rispetto ad altre persone di bellezza superiore o inferiore (Kenrick, Gutierres, & Golberg, 1989; Wedell, Parducci, & Geise, 1987) e fattori emotivi (White, Fishbein, & Rutstein, 1981).

Anche l'*autostima e le strategie di seduzione* sono state studiate per comprendere la loro dinamica nell'attrazione interpersonale. In uno studio condotto da Jones, Knurek e Regan (1973 apud Jones, 1974), è stata sostenuta l'idea che la condizione di approvazione contribuisca ad un'alta autostima, oltre che all'attrazione. Tuttavia, gli individui con un'alta autostima mostrano meno attrazione nella *condizione di approvazione* e più in quella di *disapprovazione*.

Per quanto riguarda le strategie di seduzione, Jones e Pittman (1982) sottolineano che i comportamenti di seduzione sono determinati da 3 fattori: valore incentivante, probabilità soggettiva e legittimità percepita. Il *valore incentivante* si riferisce all'importanza attribuita al fatto che l'altra persona sarà attratta da me; la *probabilità soggettiva* come la possibilità che i comportamenti abbiano successo nell'indurre le attribuzioni previste; e la *legittimità percepita,* come l'apprezzamento dell'individuo che gli atteggiamenti personali siano compatibili con gli atteggiamenti morali degli altri.

Sebbene la vicinanza, l'interazione, l'esposizione continua, le credenze e gli atteggiamenti degli individui siano fattori importanti che contribuiscono all'attrazione interpersonale (Ilari, 2006), l'attrazione fisica è indicata come un fattore determinante nella genesi dell'attrazione interpersonale (Myers, 1993). Uno studio condotto da Feingold (1990) sull'attrazione interpersonale ha evidenziato che il sesso maschile apprezza la bellezza fisica più di quello femminile, anche se gli individui considerati di bell'aspetto sono più attraenti per entrambi i sessi (Myers, 1993).

Va notato che le credenze e i valori attribuiti all'attrazione interpersonale variano a seconda del contesto sociale, poiché sono determinati dalla cultura e dal contesto. Questi vengono trasmessi attraverso le relazioni sociali e influenzano direttamente l'instaurarsi dell'attrazione e, di conseguenza, di altre relazioni interpersonali (Ilari, 2006; Felmlee & Sprecher, 2000).

In questa logica, le rappresentazioni sociali della bellezza giocano un ruolo diretto nelle relazioni interpersonali e nell'attrazione interpersonale. Questo fatto viene sottolineato alla luce della misura in cui le questioni corporee ed estetiche nelle interazioni sociali influenzano i livelli di soddisfazione e insoddisfazione dell'immagine di sé e il modo in cui valutiamo le persone che ci circondano, mediato dai media, che incoraggiano e delimitano i modi di comprendere e valutare ciò che è bello.

Da questa prospettiva, quando la bellezza è socialmente rappresentata e associata, ad esempio, a *status,* salute, potere, magrezza e attrattività, inizia a guidare le pratiche sociali che, a loro volta, associano le persone con le caratteristiche citate come belle a maggiori possibilità di successo nelle relazioni interpersonali e nell'attrazione interpersonale. Gli individui che non rientrano nei profili di bellezza elaborati socialmente hanno maggiori probabilità di essere esclusi da determinati contesti in cui la bellezza è prioritaria - e di essere incolpati per la loro situazione.

Sulla base degli aspetti qui elencati, approfondiremo le specificità di due categorie di relazioni che costituiscono l'attrazione interpersonale: le relazioni amorose e le relazioni di amicizia.

Le relazioni amorose possono essere considerate un argomento presente in una varietà di contesti, dalle conversazioni informali di tutti i giorni ai libri, ai film, alle soap opera e alla musica, poiché riguardano tutti gli ambiti della vita umana. Essendo uno dei tipi di relazione interpersonale, sono state proposte diverse teorie con l'obiettivo di spiegare e concettualizzare le variabili coinvolte (Alferes, 2004; Hatfield & Rapson, 1987).

Per quanto riguarda le variazioni teoriche che pluralizzano la conoscenza di questo fenomeno, alcuni teorici danno priorità agli aspetti evolutivi e biologici delle relazioni amorose (Batten, 1995; Fisher, 1995; Buss, 1994; Buss & Barnes, 1986). Altri, invece, pongono maggiore enfasi sulle componenti sociali e culturali (Matos, Feres-Carneiro & Jablonski, 2005; Felmlee & Sprecher, 2000; Feingold, 1990; Murstein, 1972).

A questo proposito si può osservare che queste teorie, così come i loro metodi e assi tematici specifici, si completano a vicenda, poiché un solo approccio non sarebbe in grado di spiegare tutte le variabili contenute nella relazione amorosa. Nel corso della storia umana, la comprensione delle relazioni amorose è cambiata, influenzata da aspetti sociali, politici, economici e culturali (Socci, 1983), poiché per secoli gli interessi materiali sono stati privilegiati a scapito delle unioni affettive (Silva, 2002).

Le relazioni amorose si verificano generalmente attraverso lo sviluppo di un sentimento amoroso (amore) per un particolare individuo. Questo sentimento è una delle emozioni umane più intense (Sternberg & Grajek, 1984) e un tipo specifico di attrazione interpersonale (Alferes, 2004), che è anche considerato fondamentale per il successo di una relazione amorosa (Cassepp-Borges & Teodoro, 2007). Al giorno d'oggi, questo tipo di relazione inizia nell'adolescenza e si differenzia dalle altre generazioni a causa delle trasformazioni socio-culturali che hanno alterato le strutture degli stili di relazione contemporanei (Weingartner, John, Bonamigo, & Goindanich, 1995).

Dal punto di vista della psicologia clinica, l'amore può essere associato alle nozioni di sessualità sublimata (Freud, 1910/1973), cura, responsabilità, rispetto e conoscenza (Fromm, 1956), nonché alla gratificazione dei bisogni (Maslow, 1974). Dal punto di vista evoluzionistico, l'amore è concepito come una conseguenza dei bisogni sessuali istintivi, che ricevono e offrono protezione e uno strumento cognitivo per la riproduzione (Wilson, 1981; Buss, 2006). Il comportamentismo intende l'amore come un rinforzo reciproco dei comportamenti (Skinner, 1991), una posizione attualmente confermata dagli studi di neuroimaging, che osservano come, quando viene mostrata la foto della persona amata, il sistema di ricompensa sia quello con la maggiore attivazione cerebrale (Aron, Fisher, Mashek, Strong, Li, & Brown, 2005).

La psicometria, invece, cerca di concentrarsi sulla natura strutturale dell'amore, analizzandolo come un insieme di cognizioni, affetti e motivazioni che devono essere misurati, attestando così l'oggettività del fenomeno (Rubin, 1970; Sternberg & Grajek 1984; Sternberg, 1986; 1989; De Andrade & Garcia, 2012). L'amore è attualmente considerato fondamentale per una relazione soddisfacente ed è considerato una condizione primaria per il matrimonio. Il sentimento d'amore è accreditato di una tale importanza che la fine di questo sentimento è vista come una giusta condizione per porre fine alla relazione d'amore (Matos, Feres-Carneiro & Jablonski, 2005).

Una delle strategie contemporanee di relazione amorosa, che ha preso forma negli anni '80, è nota come "stare". Questo fenomeno si caratterizza come una forma di incontro amoroso, che di solito avviene in spazi pubblici, durante il tempo libero, motivato dall'attrazione fisica (Bozon & Heilborn, 2001). Può essere configurato come una fase che precede la frequentazione (Oliveira, Gomes, Marques, & Thiengo, 2007). La "permanenza" si manifesta con la mancanza di impegno tra le coppie, il cui scopo è cercare il piacere attraverso la seduzione, dallo scambio di baci al rapporto sessuale (Aguiar, 2011; Matos, Feres-Carneiro, & Jablonski, 2005).

In uno studio condotto da Oliveira et al. (2007) con l'obiettivo di comprendere le rappresentazioni sociali degli adolescenti sulle relazioni sentimentali, hanno osservato che questi individui classificano le relazioni affettive in tre fasi: "hooking up" (classificato come privo di impegno, un atto momentaneo che non si ripete); "hooking up" (con un maggior grado di vicinanza e intimità tra i partner, con una durata variabile) e dating (che può avere origine dall'hooking up). La letteratura presenta il corteggiamento come una forma di relazione romantica, caratterizzata da stabilità e impegno tra i membri (Rodrigues et al., 2002).

Lo studio condotto da Barbara e Bertoldo (2006) su giovani studenti universitari ha associato la frequentazione con amore, amicizia, compagnia, affetto e impegno. Gli studi hanno dimostrato che le relazioni sentimentali iniziano nell'adolescenza, con il primo bacio che avviene in media all'età di 12 anni (Borges & Schor, 2007).

Diversi meccanismi coinvolti nelle relazioni amorose sono stati studiati per chiarire sia la struttura sia le cause e gli effetti di questi contenuti nelle relazioni amorose, come l'amore (Silva, Mayor, Almeida, Rodrigues, Oliveira, & Martinez, 2005; Sterberg & Grajek, 1984) e la sessualità (Wilson, 1978; Byrne, 1986; Kaplan, 1977), per esempio. Tra l'elenco dei presupposti che entrano in gioco nelle relazioni amorose, la scelta del partner merita di essere sottolineata, in quanto è un fattore fondamentale nell'instaurazione di queste relazioni. Secondo Angelo (1995), la scelta del partner è una strategia sottile e sofisticata, in cui l'attenzione è culturalmente indotta a osservare specifici elementi di interesse nell'aspetto o nel comportamento di una certa persona.

Secondo Buston ed Emlen (2003), le persone scelgono i loro partner in base a caratteristiche fisiche e sociali simili, cioè partner compatibili tra loro per una relazione potenzialmente di successo. Pertanto, le donne molto belle sono più attratte dagli uomini belli rispetto a quelli con altre caratteristiche, come ad esempio il denaro. Le qualità più desiderate in un partner sono quelle che si osservano maggiormente in se stessi, poiché si riferiscono alle esperienze individuali e non sono limitate alle caratteristiche dei potenziali pretendenti (Borrione & Lordelo, 2005).

La scelta del partner tra uomini e donne avviene secondo criteri diversi. Studi sull'argomento (Buss & Barnes, 1986; Kernrick, Sadalla, Groth, & Trost 1990) hanno dimostrato che, per le donne, criteri come l'amicizia, l'intelligenza, la creatività, il senso dell'umorismo, la stabilità emotiva, la posizione sociale e il livello di istruzione sono importanti nella scelta del partner. Gli uomini, pur apprezzando i criteri menzionati dalle donne, considerano la bellezza il più importante. Tuttavia, vale la pena notare che questi studi sottolineano la scelta di partner per il matrimonio o per relazioni a lungo termine.

In uno studio proposto da Gomes e Gamaraschi (2007), relativo alla valutazione della bellezza e dell'intelligenza da parte degli adolescenti nella scelta del partner, è emerso che la classe socio-economica influenza la scelta. Gli adolescenti di una classe economica inferiore hanno dato priorità all'intelligenza in una relazione sentimentale, mentre gli adolescenti con un potere d'acquisto più elevato, in quanto dotati di maggiore stabilità economica, hanno dato priorità alla bellezza nella scelta del partner. Inoltre, Kenrich et al. (1990) sottolineano che le donne sono più oculate nella scelta del partner a qualsiasi livello di relazione, mentre gli uomini lo sono nelle relazioni a lungo termine.

Hatfield e Rapson (1996) propongono l'ipotesi che le persone abbiano degli schemi amorosi - cioè un insieme di nozioni, valori e atteggiamenti sulle relazioni intime, che influenzano e sono influenzati da questi contesti -

quando scelgono i partner nelle relazioni romantiche, e che questi schemi dipendano da quanto si sentano a proprio agio con la vicinanza e/o l'indipendenza, nonché dalla loro volontà di essere coinvolti in una relazione romantica. Se le persone sono interessate a iniziare una relazione sentimentale, si dividono in quattro tipi specifici: sicure, appiccicose, rischiose e volubili.

Il tipo *sicuro* è l'individuo che si sente a proprio agio con l'intimità e l'indipendenza; il tipo *appiccicoso* è l'individuo che si sente a proprio agio con l'intimità, ma non con l'indipendenza; il tipo *arcaico*, in cui si privilegia l'indipendenza e ci si sente a disagio con l'intimità; e il tipo *incostante*, quando l'individuo si sente a disagio sia con l'intimità che con l'indipendenza. Per quanto riguarda gli individui che non sono interessati a mantenere relazioni amorose stabili, possono essere divisi in due categorie: *occasionali* (in cui l'interesse per le relazioni amorose stabili è condizionato dal minimo di possibili problemi che può scatenare); e *disinteressati* (in cui non c'è interesse per le relazioni amorose, con o senza problemi).

Vale la pena notare che questi schemi sono multifattoriali, poiché si formano nelle esperienze della prima infanzia (Scharfe & Bartholomew, 1994), attraversano l'adolescenza (Erikson, 1982) e continuano nelle esperienze affettive dell'età adulta (Hatfield & Rapson, 1996). Le esperienze romantiche strutturano anche gli atteggiamenti nei loro confronti, rendendo gli individui più (o meno) flessibili alle avversità derivanti dalle relazioni sentimentali. L'interazione tra i partner influenza anche i comportamenti che si manifestano nelle relazioni sentimentali, poiché le persone possono agire in modi diversi in relazioni sentimentali diverse (Hatfield, Singelis, Levine, Bachman, Muto, & Choo, 2007).

Per quanto riguarda l'influenza degli schemi amorosi sulle preferenze per determinati partner nelle relazioni sentimentali, la comunità scientifica ha già avanzato diverse ipotesi. Tenendo conto di ciò che le persone normalmente trovano attraente quando cercano un partner in una relazione sentimentale, le ipotesi sono: l'*ipotesi della somiglianza, l'*ipotesi *del partner ideale*, l'*ipotesi* della *repulsione* e l'ipotesi della *dissomiglianza ideale* (Krueger & Caspi, 1993).

Secondo l'ipotesi del partner ideale, *le* persone in genere cercano relazioni amorose in modo idealizzato, come se ci fosse un ideale astratto da raggiungere per il successo della relazione. Le ricerche condotte da Hatfield e Rapson (1993; 1996), nonché da Buss (1994), dimostrano che i giovani di tutto il mondo hanno generalmente un'idea idealizzata di un possibile partner, preferendo partner che abbiano le seguenti caratteristiche: essere affettuosi, intelligenti, fisicamente attraenti, emotivamente stabili, affidabili e socievoli.

Secondo l'ipotesi della *somiglianza e della repulsione,* le persone cercano individui simili per le relazioni sentimentali e respingono quelli che considerano troppo diversi. Alcune ricerche hanno dimostrato che i giovani sono attratti romanticamente da persone che considerano simili a loro stessi, cioè da persone che percepiscono avere credenze, valori, atteggiamenti, sentimenti, comportamenti, attrazione fisica, abitudini o altri schemi di valori che considerano importanti (Buss, 1994; Burleson & Denton, 1992; Hatfield & Rapson, 1996).

Le spiegazioni di questo fenomeno sono sia biologiche che culturali, poiché, secondo Rushton (1989), gli individui sono geneticamente predisposti a cercare le somiglianze. Tuttavia, Byrne et al. (1971) sostengono che le persone trovano gratificante quando condividono gli stessi punti di vista, cercando quindi di formare legami interpersonali con tali individui, evitando così i partner che non condividono i valori considerati essenziali per una relazione amorosa soddisfacente.

Per quanto riguarda l'*ipotesi della dissimilarità ottimale,* essa difende la premessa secondo cui le persone cercano partner romantici che differiscono da loro su determinate questioni, in quanto ciò servirebbe come complemento alle loro personalità. Tuttavia, questa ipotesi ha ricevuto scarso supporto empirico (Hatfield & Rapson, 1996) e l'idea consensuale che "gli opposti si attraggono" non è più valida dal punto di vista teorico.

Un'altra questione che completa il tema è quella sollevata da Pietromonaco e Carnelley (1994), i quali sostengono che, nelle relazioni sentimentali, sia le donne che gli uomini cercano due aspetti essenziali: l'adeguatezza del ruolo di genere (in cui i ruoli sociali specifici di ciascun genere devono essere adeguati all'ambiente sociale) e l'autoverifica (in cui gli individui tendono a cercare partner amorosi che condividano e confermino la loro visione personale di sé e del mondo).

specifiche regole dettate dalle norme sociali, che differiscono per uomini e donne. Ciò dimostra che il sesso delle persone è fondamentale nell'analisi delle determinanti delle pratiche e dei sentimenti amorosi e deve essere valutato con cautela.

Negli ultimi anni, la ricerca sull'argomento ha apportato contributi significativi alla relazione tra bellezza fisica e un'ampia varietà di costrutti. Da una prospettiva evolutiva, l'attrattiva fisica è considerata un mediatore della selezione sessuale, poiché le caratteristiche considerate attraenti tendono a informare le caratteristiche biologiche del potenziale partner (Johnston, 2006). Perin, Perilla-Rodriguez e Fukusima (2014) hanno condotto una rassegna sui fattori che possono influenzare il giudizio di attrattività facciale, presentando 3 fattori principali: a) le cure parentali: le donne selezionano volti più maschili durante i periodi di ovulazione, che indicano fertilità, e volti più femminili durante i periodi di non ovulazione, che indicano fedeltà e cura della prole. Va notato che variabili come l'età, lo stato civile, l'avere figli e la concezione dell'attrattiva possono alterare i risultati; b) fattori psicologici: l'auto-attrattività tende a interferire con la percezione dell'attrattiva, poiché le donne che si percepiscono belle hanno una maggiore preferenza per i volti mascolinizzati, mentre le donne che non si considerano attraenti tendono a preferire i volti più femminili; c) percezione della dominanza: la percezione della dominanza tende a segnalare un possibile potere, e può essere un segno di buoni geni per la prole.

Da questa stessa prospettiva, Silva e Fukusima (2011) hanno indagato se la simmetria è correlata all'attrattiva facciale presentando venti foto in bianco e nero di volti frontali di giovani adulti, concludendo che la simmetria facciale per riflessione degli emifacciali non è un fattore essenziale nel processo di attrattiva facciale. Sempre in tema di attrattività facciale da una prospettiva evolutiva, Tokumaru et al. (2011) hanno analizzato l'effetto dell'infedeltà sull'attrattività facciale di uomini e donne, evidenziando differenze significative nella valutazione da parte delle donne di fotografie di uomini potenzialmente infedeli, attribuendo loro una minore attrattività, spiegabile con strategie adattative associate ai costi riproduttivi.

Nel campo dell'attrazione interpersonale, alcuni studi hanno trovato risultati sull'associazione tra bellezza fisica e relazioni sentimentali. Uno studio di Schlosser e Camargo (2015a) sulle rappresentazioni sociali della bellezza fisica per modelli fotografici e non, ha rilevato che le rappresentazioni associate alla bellezza fisica si concentrano principalmente sull'aspetto dell'attrazione interpersonale, includendo elementi come "attrazione", "seduzione", "influenza", "modifica del corpo", "qualità della vita" e "popolarità". È emerso inoltre che, sia per i gruppi studiati che per il genere dei partecipanti, la bellezza fisica va oltre la salute, concentrandosi direttamente sulle possibilità di attrazione.

La ricerca condotta da Schlosser, Camargo e Teixeira (2015) sulla relazione tra le rappresentazioni sociali della bellezza fisica e l'instaurazione di relazioni sentimentali ha indicato che la bellezza fisica svolge un ruolo centrale nell'instaurazione di relazioni sentimentali, essendo considerata l'elemento più importante sia per il sesso maschile che per il gruppo di modelle. Inoltre, un altro studio volto a indagare l'esistenza di una zona muta nelle rappresentazioni sociali della bellezza fisica nel contesto dell'instaurazione di relazioni amorose ha rilevato che i partecipanti la considerano apertamente un attributo centrale nell'instaurazione di relazioni amorose e percepiscono che le altre persone la considerano allo stesso modo (Schlosser & Camargo, 2015b).

Per quanto riguarda le produzioni sull'influenza della bellezza fisica nei contesti lavorativi, Grisci et al. (2015) hanno verificato come la bellezza fisica sia vista e interpretata dai lavoratori del sistema bancario, scoprendo che la bellezza fisica è associata all'investimento in una carriera, a uno strumento di gestione manageriale (che fa della bellezza fisica un elemento di possibile redditività nel settore bancario, con l'obiettivo di piacere ai clienti), a un definitore di visibilità e invisibilità (che facilita o impedisce un possibile avanzamento professionale) e di conseguenza a una fonte di sofferenza psichica.

Per Cardoso e Rey (2011), da un punto di vista psicoanalitico, la funzione che l'ideale di bellezza svolge è essenzialmente legata all'esperienza unica nella costituzione psichica che, se è fonte di schiavitù, denoterebbe un tentativo di coprire la mancanza. Empiricamente, per quanto riguarda i significati prodotti dal fenomeno della bellezza fisica, lo studio di Teixeira, Freitas e Camina (2014), che ha esplorato i significati nella costruzione della bellezza del corpo femminile come forma di potere nelle donne che praticano attività fisiche, ha identificato la bellezza come una forma di dominio nelle relazioni sociali, attraverso il suo inquadramento, la distinzione e l'accettazione sociale. Il potere derivato dalla bellezza fisica è presentato come una strategia di seduzione attraverso la costruzione di un aspetto attraente.

In uno studio proposto da Camargo et al. (2005) su studenti di moda, è emerso che la rappresentazione sociale della bellezza condivisa da quella popolazione presenta due aspetti: uno interpersonale, in cui la bellezza appare come la prima caratteristica personale che risalta nelle relazioni sociali; e l'altro normativo, che si riferisce a standard di bellezza socialmente determinati, che devono essere seguiti. Inoltre, il fatto di attrarre, sedurre, conquistare o essere popolari dimostra il bisogno di approvazione, il che indica che, affinché l'individuo si senta bene con la propria immagine, ha bisogno dell'approvazione degli altri. (Camargo et al., 2005; Secchi, Camargo, & Bertoldo, 2009).

In uno studio sulla produzione di conoscenza sul corpo e sulla bellezza e sulle sue implicazioni per l'Educazione Fisica, Silva e Porpino (2013) hanno rilevato, sulla base di un'analisi di tesi di laurea, che le concezioni di bellezza sono costruite attraverso i valori e i codici dei gruppi sociali, tenendo conto anche della soggettività individuale, derivante da esperienze già vissute. Pertanto, "la bellezza si presenta come un'idea incompiuta, inesauribile e indefinita, in una dialettica tra il sensibile e chi guarda" (Silva & Porpino, 2013, p.337). Portando questi codici sociali a una manifestazione idiocratica, Silva, Saeger e Pereira (2011), indagando sui fattori associati all'immagine corporea negli studenti di educazione fisica, hanno identificato, in un campione di 230 partecipanti, l'insoddisfazione per l'eccesso di peso e la magrezza, con una prevalenza di insoddisfazione per l'immagine corporea del 62,8% per i maschi e del 67% per le femmine.

Le ripercussioni di ciò che è considerato bello permeano anche altri ambienti, come il mondo virtuale. In uno studio condotto sul corpo bello nei giochi virtuali, più precisamente attraverso gli avatar del gioco *Second Life*, è emerso che gli attributi fisici desiderati nel contesto reale si materializzano anche in questi ambienti, con le donne che esplorano la sensualità e gli uomini la forza fisica (Zanetti, Moiolli, Schiavon, Rebustini, & Machado, 2012).

Teixeira (2001) ritiene che la bellezza fisica porti un ritorno a chi la porta, sia che si tratti di ottenere un lavoro o di scegliere partner sessuali. Questa bellezza, prodotta e consumata socialmente perché ricompensa chi la porta, porta allo sviluppo di innumerevoli procedure per acquisirla, aumentarla o conservarla, al fine di ottenere il ritorno sociale che le viene attribuito. Per ottenere questa bellezza corporea, il consumo di cosmetici e di procedure chirurgiche estetiche si presenta come una possibilità. Strehlau, Claro e Laban Neto (2015) hanno analizzato il fenomeno della vanità come motore del consumo di queste pratiche di abbellimento. I loro risultati mostrano che il grado di vanità è direttamente correlato alla propensione a sottoporsi a procedure, oltre che associato all'autostima del corpo, all'uso di cosmetici e ai trattamenti. Dimostrano inoltre che la vanità può essere intesa come un bisogno sano di rafforzare il benessere e l'autostima.

I risultati che associano l'uso di prodotti di bellezza come strategia di autostima sono stati identificati anche da Livramento, Hor-Meyll e Pessoa (2013), che hanno cercato di identificare i valori individuali che motivano le donne a basso reddito ad acquistare prodotti di bellezza. Hanno scoperto che, anche se considerato superfluo, il consumo di prodotti di bellezza da parte di questa classe di consumatori accresce la loro autostima, oltre a cercare il rispetto delle classi sociali considerate superiori. Per le partecipanti, curare la propria bellezza fisica era una strategia per ridurre la percezione di discriminazione sociale.

Un'altra componente rilevante negli studi sulla bellezza fisica è l'impatto dei media sulla costruzione e la diffusione di standard estetici, in considerazione dei mass media. Pubblicità, riviste, *cartelloni pubblicitari,* programmi sulla vita delle celebrità e altri media presentano indirettamente l'idea che l'aspetto fisico sia responsabile del successo e della felicità nelle relazioni interpersonali. Queste strategie agiscono come euristiche, creando la percezione distorta che, per raggiungere questi obiettivi, sia necessario avere determinati standard estetici (Goetz, 2009; Schlosser, 2014).

Figueiredo, Nascimento e Rodrigues (2017), indagando sulle rappresentazioni del corpo femminile nelle riviste femminili brasiliane, riflettono sul fatto che il focus visivo sull'attrattiva fisica delle modelle, associando i loro corpi ai prodotti di bellezza, inizia a costruire un'associazione tra il culto del corpo e l'acquisizione di prodotti e servizi, con la conseguente costruzione di una promessa di salute e bellezza come vie per il successo, sempre associate alla capacità di consumo individuale.

È stato possibile individuare altri studi che riguardano le rappresentazioni del corpo nelle riviste, come Souza, Oliveira, Nascimento e Carvalho (2013), che hanno analizzato le immagini e le rappresentazioni del corpo femminile in relazione al consumo di droga nelle riviste nazionali, e Nascimento, Prochno e Silva (2012) che hanno indagato l'influenza dei media sulla soggettività del corpo femminile. È emerso che, riproducendo standard estetici, i media espongono le persone a problemi che stimolano l'uso di droghe per ottenere il corpo perfetto, oltre a concentrarsi sull'erotismo femminile, collegandolo allo *status di* oggetto sessuale, contribuendo alla diminuzione dell'importanza sociale della donna (Souza et al., 2013), nonché alla relazione diretta tra il corpo e il consumo [corpo comprato, corpo consumato] (Nascimento et al., 2012).

In uno studio condotto da Andrade (2003) sulle rappresentazioni della salute e della bellezza del corpo femminile, ha sottolineato che ciò che attualmente determina la bellezza fisica: essere magri, alti, bianchi, belli, eterosessuali e in salute; posiziona gli individui all'interno di una scala sociale, con gli attributi sopra menzionati che sono quelli che classificano le persone. Da questa prospettiva, i media, la pubblicità e l'industria trasformano il corpo in un artefatto economico, sociale e culturale.

In uno studio sulle norme, le rappresentazioni e le pratiche corporee condotto da Camargo, Justo e Jodelet (2010), è stato evidenziato che esistono differenze nel modo in cui donne e uomini rappresentano il proprio corpo, con le donne più esigenti in termini di immagine di sé e di standard di bellezza. Nel contesto maschile, la contemporaneità ha gradualmente portato una maggiore preoccupazione per la bellezza a questo pubblico. Uno studio proposto da Fontes, Borelli e Casotti (2012) sulla relazione tra mascolinità e consumo di bellezza attraverso prodotti e servizi. I risultati differiscono da quelli identificati con i campioni femminili. Per gli uomini dell'indagine, la bellezza è un facilitatore di relazioni amorose e sociali, ma non considerano questo attributo più importante del fattore professionale e intellettuale - associato al sesso maschile. Inoltre, "essere belli" non dovrebbe essere visto come una necessità o uno sforzo, ma come un effetto collaterale della ricerca della salute. Pertanto, per alcuni uomini la cura della bellezza è ancora un tabù, associato al femminile, e c'è un "limite" tra le pratiche maschili rispetto a quelle femminili di abbellimento.

D'altra parte, è possibile verificare anche pubblicazioni che trattano il fenomeno della bellezza fisica nel ciclo di vita. Gli studi suggeriscono che le preferenze di bellezza sono una caratteristica innata della specie umana, con un riconoscimento automatico della bellezza, in modo non consapevole. Gli studi dimostrano che i bambini sono sensibili alla bellezza fin dalla nascita, mostrando una preferenza per i bei volti (Langlois et al., 1987; Langlois, Ritter, Roggmam, & Vaughn, 1991; Samuels, Butterworth, Roberts, Graupner, & Hole, 1994).

Tuttavia, sebbene vi sia una forte evidenza di questa caratteristica biologica, i fattori sociali tendono a determinare i valori, le credenze e le pratiche associate all'estetica. Fin dall'infanzia, nella maggior parte dei contesti interpersonali vengono presentati modelli di bellezza socialmente costruiti, che danno forma alle rappresentazioni della bellezza. Soprattutto durante la pubertà, i giovani tendono a sentirsi a disagio con il proprio corpo, giudicandolo fuori dalla "norma".

Nel contesto dei bambini, in quanto fase precoce dello sviluppo umano, si assiste a un contemporaneo apprezzamento della bellezza fisica in questa fase, costruendo stereotipi di standard di bellezza che circolano nei media e che arrivano a influenzare direttamente il pensiero e le pratiche sociali, favorendo i processi di adultizzazione e di erotizzazione precoce. Carvalho e Serpa (2014), con l'obiettivo di comprendere la percezione del corpo femminile, l'abbellimento e i media, hanno condotto uno studio di caso con una madre sulla partecipazione della figlia a concorsi di bellezza. Nel discorso della partecipante, i media sono stati identificati come un elemento che stabilisce valori su un corpo ideale, rafforzando il processo di adultizzazione nell'infanzia.

Assungao, Assis e Campos (2012), in uno studio sulle rappresentazioni sociali del corpo dei bambini basato sulla rivista Pais e filhos degli anni '70, hanno individuato rappresentazioni oggettivate dall'immagine della fabbrica moderna, favorite dall'ideale di bellezza, oltre ad associarla ad altri fenomeni: la salute contrassegnata da un ideale di bellezza e classificata attraverso l'opposizione tra salute/malattia, normale/anormale, contribuendo alla futura associazione del binomio salute/bellezza.

Come esempio di modelli presentati socialmente nei più svariati veicoli di trasmissione di valori, Simili e Souza (2015) hanno verificato la costruzione di valori sulla bellezza e le pratiche di abbellimento nell'infanzia basandosi sul libro "I consigli di Barbie" (Ariello, 2007). Nel libro, hanno identificato modelli che presentano la produzione di significati su cosa sia la bellezza e su come raggiungerla, attraverso pratiche di cura estetica e il consumo di beni e prodotti di moda associati all'apparenza, nonché di artefatti/oggetti dell'industria cosmetica. Gli autori sottolineano che questi modelli costruiscono e fanno circolare nozioni di bellezza che rafforzano gli stereotipi sugli standard di bellezza e le credenze ad essa associate, come ad esempio la felicità.

Pontes (2018) ha indagato la produzione dell'immagine corporea dei bambini di età compresa tra i sei e i dodici anni che frequentano i saloni di bellezza di Brasilia, DF, Brasile, e ha scoperto che gli standard estetici sono velati attraverso immagini e discorsi, che valorizzano un corpo snello e capelli lisci, così come i comportamenti stereotipati di ciascun genere. Il ricercatore, nel suo studio etnografico, esemplifica le differenze, che si manifestano negli spazi messi a disposizione dei bambini per sedersi (troni di principesse e automobili), nonché in affermazioni specifiche su "capelli belli e brutti", "un taglio da ometto", "essere belli per le tue amiche" [enfasi al plurale].

Un altro studio molto pertinente ha esaminato gli effetti della familiarità sulla percezione dell'attrattiva fisica in bambini in età prescolare (Lee-Manoel, Morais, Bussab, & Otta, 2002), con l'obiettivo di determinare la relazione tra giudizi di attrattiva fisica, indicatori sociometrici e attributi comportamentali in bambini in età prescolare. Sono state individuate correlazioni significative tra il giudizio di attrattività fisica e le persone già conosciute o gli individui con scelte positive e attributi comportamentali pro-sociali, rendendo "belli" coloro che si comportano in modo appropriato.

Nel contesto dell'adolescenza, Bravo e Domingues (2018) discutono le concezioni di bellezza per gli adolescenti con disturbi alimentari, identificando l'associazione prevista della bellezza con un corpo sottile, anche se non eccessivamente, soprattutto in regioni specifiche: pancia, glutei e viso. Inoltre, è emersa una differenziazione tra gli elementi associati alla bellezza in base al genere, in cui il corpo maschile deve dimostrare forza, mentre quello femminile manifesta fragilità, unificandoli con lo standard di magrezza.

A sua volta, anche la vecchiaia ha i suoi valori associati alla bellezza. In uno studio di Ferreira et al. (2014) sullo stato nutrizionale e l'autopercezione dell'immagine corporea delle donne anziane, è emerso che il 74% delle partecipanti era insoddisfatto del proprio corpo, sia perché sottopeso che perché in sovrappeso, con la pancia e gli arti inferiori come parti del corpo meno soddisfatte, secondo le partecipanti. Questi dati meritano una riflessione e un approfondimento, viste le problematiche legate alla triade corpo, bellezza e salute associate a un quarto elemento fondamentale nella percezione di altri fenomeni: l'invecchiamento.

Fin, Portella e Scortegaga (2017), in uno studio sulla percezione della bellezza corporea e del suo significato in età avanzata da parte delle donne anziane, hanno riscontrato che la bellezza è ancora basata su standard sociali, presentando una dualità immaginaria dell'esperienza estetica del sé, di ciò che piace e non piace del proprio corpo. All'interno del binomio salute-bellezza associato al corpo, la bellezza in età avanzata riguarda la salute e la cura di sé e delle proprie relazioni.

Tuttavia, anche gli uomini in età avanzata costruiscono valori e credenze sul proprio corpo. Il lavoro di Ludgleydson, Elba e Amaral (2011) sulle rappresentazioni sociali del corpo degli uomini anziani ha rilevato un approccio impersonale al corpo, non associandolo all'autostima, ma essenzialmente alla salute in una prospettiva organicista, ovvero ai cambiamenti fisici derivanti dal processo di invecchiamento.

Lo scopo di questa recensione finale è quello di riprendere in modo più incisivo alcune considerazioni presenti nel libro. L'obiettivo è quello di evidenziare dati importanti, ma soprattutto di far capire che questo lavoro è un'introduzione allo studio della bellezza fisica, un fenomeno antico nelle esperienze sociali e individuali, ma emergente nel contesto scientifico.

In generale, la ricerca sulla bellezza fisica non consente di analizzarla separatamente da altre variabili correlate: salute, corpo, attrazione interpersonale, relazioni sociali, costruzione dell'identità, ecc. Oltre alle relazioni sociali, i media attualmente promuovono la costruzione e la programmazione di norme, valori, credenze e pratiche, rendendo la bellezza un oggetto da acquistare, consumare e associare direttamente alla salute, sia fisica [corpi definiti] che mentale [autostima, per esempio].

La bellezza fisica è una qualità attribuita a un corpo da un individuo o dalla società (Le Pape, 2006) e i suoi standard sono costruiti socialmente attraverso valori, credenze, immagini, atteggiamenti e comportamenti; attorno a questa qualità circolano diversi significati. Inoltre, l'essere belli è legato agli attributi fisici che vengono veicolati dai media (Sampaio & Ferreira, 2009), che li rendono famosi grazie alla popolarità e all'influenza della loro bellezza. Diversi studi hanno individuato l'influenza dei diversi media sulla costruzione degli standard di bellezza.

Nelle loro pubblicità, i media ritraggono persone con qualità di vita, giovani, belle, sane e felici, rafforzando un modello di stimolazione costante della ricerca della felicità attraverso la bellezza. Questa ricerca di uno standard ideale di bellezza non è mai stata così stimolata e valorizzata; secondo Thomsen, McCoy, Gustafson e Williams (2002) si tratta di una forma di illusione di benessere che, per essere raggiunta, richiede che l'individuo si adatti a certi standard stabiliti.

Il binomio "bellezza-salute" si riscontra anche in diversi studi. Tuttavia, la bellezza è un fattore determinante, visto che la salute diventa un ideale estetico e chi non possiede questa bellezza non è considerato sano (Vilhena & Medeiros, 2005). Al giorno d'oggi, vivere in salute e in forma è una delle principali preoccupazioni della popolazione. Tuttavia, la preoccupazione non riguarda esclusivamente la salute, ma un corpo sano e soprattutto bello, dato che il culto del corpo e della bellezza è predominante, attraverso l'associazione della bellezza con messaggi di successo, felicità e popolarità (Witt & Schneider, 2011).

Un ultimo problema sollevato per le produzioni future si presenta come una domanda. I nuovi veicoli di programmazione mediatica, i cosiddetti "social network", sono stati un'opportunità per gli individui comuni di entrare nel mondo dei famosi, con la manifestazione di un bel corpo come una delle possibili strategie. Ne è un esempio il social network "Instagram", un social network per la condivisione di immagini, che permette a persone "comuni" di raggiungere lo *status di cosiddetto* "digital influencer". Si tratta di persone che riescono, come dice il nome, a influenzare i propri follower verso uno specifico modello, ottenendo *lo status* di celebrità e una carriera - o un aspetto fisico - desiderato dal pubblico femminile. Hanno ottenuto un "nome" (Bourdieu, 1990) dal loro corpo, dal loro aspetto, dalla loro bellezza. Questo evidenzia il rapporto tra bellezza e popolarità, che è diventato un elemento fondamentale nella cultura brasiliana (Goldenberg, 2005).

Questo libro è un invito a imparare, ma vuole essere anche un invito a interrogare il corpo e la bellezza come fenomeni da indagare con cura. La cura del corpo merita di essere interrogata, ed è necessario riflettere sui suoi benefici e sui suoi danni, su quanto sia catalizzatore di relazioni pro-sociali e quanto interferisca in processi di segregazione, emarginazione e discriminazione. L'obiettivo non è scollegare la bellezza e la sua cura dalla dimensione positiva che, distorcendola, la equipara a cose negative.

L'obiettivo è quello di problematizzare la bellezza nella società dei consumi, con il rischio di oggettivare l'essere umano facendo della bellezza un oggetto di consumo e, poiché la bellezza è consumata, può anche essere scartata - senza tener conto del soggetto che la indossa.

Aguiar, A. de. (2011). Relazioni amorose in adolescenza e rischio: uno studio sul ruolo dell'amore nella percezione del rischio in relazione all'HIV/AIDS. (Tesi di Master). Programma post-laurea in Psicologia. Università Federale di Santa Catarina, Florianopolis.

Alferes, V. R. (2004). Attrazione interpersonale, sessualità e relazioni intime. In: J. Vala & M. B. Monteiro. *Psicologia sociale,* 6 ed., Fondazione Calouse Gulbenkian: Lisbona.

Alma, J. M., & Costa, M. L. R. B. da. (2011). Il mondo dei media nel mondo della bellezza: come le estetiste acquistano i loro prodotti cosmetici. *Rumors, 10(5),* 166-187.

Andrade, S. dos S. (2003). Salute e bellezza del corpo femminile: alcune rappresentazioni nel Brasile del XX secolo. *Revista Movimento, 9*(1), 119143.

Andrieu, B. (2006). *Le dictionnaire du corps en sciences humaines et sociales.* Parigi: Edizioni CNRS.

Angelo, C. (1995). La scelta del partner. In: M. Andolfi; C. Angelo & C. Saccu (eds.). *La coppia in crisi.* 3 ed. San Paolo: Summus.

Araujo, D. C. de, & Kuhn Jr., N. (2012). Bellezza femminile al 100%? La verità per Natura. *Revista Fronteiras - estudos mediaticos, 14(1),* 52-62.

Argyle, M. (2001).*The psychology of happiness* (2 ed.) Hove/New York: Routledge/Taylor & Francis.

Ariello, F. (2007). *I consigli di bellezza di Barbie.* San Paolo: Fundamento.

Aron, A., Fisher, H., Mashek, D. J., Strong, G., Li, H., & Brown, L. L. (2005). Sistemi di ricompensa, motivazione ed emozione associati all'amore romantico intenso nelle prime fasi. *Journal of Neurophysiology, 94,* 327-337.

Assungao, C. Q. de S., Assis, R. M. de, & Campos, R. H. de F. (2012). Bello, sano e normale: le rappresentazioni sociali del corpo dei bambini nella rivista Pais & Filhos (1968-1977). *Revista Brasileira de Ciencias do Esporte, 34(3),* 571-587.

Barbara, A. e Bertoldo, R. B. (2006). Rappresentazione sociale degli appuntamenti: l'intimità vista dai giovani. *Psico-USF, 11*(2), 229-237.

Batista, N. B. (2008). Rughe e pneumatici, cosa c'è di male? Il discorso della bellezza al di fuori degli standard pubblicitari. *Revista Ciberlegenda, 20,* 1-13.

Batten, M. (1995). *Strategie sessuali: come le donne scelgono i loro partner.* Rio de Janeiro: Ed. Rosa dos Tempos.

Batten, M. (1995). *Strategie sessuali: come le donne scelgono i loro partner.* Rio de Janeiro: Ed. Rosa dos Tempos.

Berscheid, E. (1986). La questione dell'importanza dell'attrattiva fisica. In: C. P. Herman, M. P. Zanna & E. T. Higgins (Org.), *Physical appearance, stigma, and social behavior* (pp. 7-21). Hillsdale. New Jersey: Lawrance Erlbaum.

Berscheid, E. (1986). La questione dell'importanza dell'attrattiva fisica. In: C. P. Herman, M. P. Zanna & E. T. Higgins (Org.), *Physical appearance, stigma, and social behavior* (pp. 7-21). Hillsdale. New Jersey: Lawrance Erlbaum.

Berscheid, E., & Reis, H. T. (1998).Attrazione e relazioni strette. In: D. T. Gilbert, S. T. Fiske, & G. Lyndzey (Eds.), *Handbook of social psychology* (4ª ed.), pp. 193-281. New York: McGraw-Hill.

Borges, S. L. V., & Schor, N. (2007). Uomini adolescenti e vita sessuale: eterogeneità nelle motivazioni che circondano l'iniziazione sessuale. *Cadernos de Sahde Phblica, 23(1),* 225-234.

Borrione, R. T. de M., & Lordelo, E. da R. (2005). Scelta del partner sessuale e investimento parentale: una prospettiva evolutiva. *Interagao em Psicologia, 9*(1), 35-43.

Bozon, M. e Heilborn, M. L. (2001). Carezze e parole: l'iniziazione sessuale a Rio de Janeiro e a Parigi. *Novos Estudos CEBRAP, 59,* 111135.

Bravo, F. M., & Domingues, J. V. (2018). Concezioni di bellezza per adolescenti anoressiche e bulimiche in una scuola della città di Rio Grande/RS. *Revista Latinoamericana de Estudios en Cultura y Sociedad, 4,* 1-16.

Burleson, B. R. e Denton, W. H. (1992). Un nuovo sguardo alla somiglianza e all'attrazione nel matrimonio: Le somiglianze nelle abilità socio-cognitive e comunicative come predittore di attrazione e soddisfazione. *Communication Monographs, 59,* 268-287.

Buss, D. M. (1994). *L'evoluzione del desiderio.* New York: Basic Books.

Buss, D. M. (2006). L'evoluzione dell'amore. In R. J. Sternberg & K. Weis (Eds.), *La nuova psicologia dell'amore* (pp. 65-86). Londra: Yale University Pres.

Buss, D. M., & Barnes, M. (1986).Preferenze nella selezione del compagno umano. *Journal of Personality and Social Psychology, 50(3),* 559-570.

Buston, P. M. e Emlen, S. T. (2003). Processi cognitivi alla base delle scelte umane di accoppiamento: la relazione tra percezione di sé e preferenza di accoppiamento nella società occidentale. *Atti dell'Accademia Nazionale delle Scienze degli Stati Uniti, 100* (15), 8805-8806.

Byrne, D. (1971). *Il paradigma dell'attrazione.* New York: Academic Pres.

Byrne, D. (1971). *Il paradigma dell'attrazione.* New York: Academic Pres.

Byrne, D. (1986). Introduzione: lo studio di un comportamento sessuale come impresa multidisciplinare. In: D. Byrne & K. Kekkey (Eds.), *Alternative approaches to the study of sexual behavior* (pp.1-12), Hillsdale, New Jersey: Erbaum.

Byrne, D. (1992).   *La transizione dal laboratorio controllato sperimentazione   con   impostazioni   controllate*:   Sorpresa! Ulteriori

Le variabili operative sono Communication Monographs, *59,* 190-198.

Byrne, D., & Buhler, J. A. (1964). Una nota sull'influenza della propinquità sui rapporti di conoscenza. *Psychonomic Science, 4,* 699-703.

Camargo, B. V., Goetz, E. R., Barbara, A., & Justo, A. M. (2007). Rappresentazioni sociali della bellezza da parte di studenti di educazione fisica e moda. In: *Abstracts of online scientific communications, V Conferenza internazionale e III Conferenza brasiliana sulle rappresentazioni sociali.* Brasilia.

Camargo, B., Justo, A. e Jodelet, D. (2010). Norme, rappresentazioni sociali e pratiche corporee. *Revista Interamericana de Psicologia, 44*(3), 456-464.

Carvalho, I. A., & Serpa, M. G. (2014). Corpo e abbellimento: Bambini che partecipano a concorsi di bellezza. *Psicologia: Ciencia e Profissao, 34*(4), 835-849.

Cassepp-Borges, V., & Teodoro, M. L. M. (2007). Proprietà psicometriche della versione brasiliana della scala del triangolo amoroso di Sternberg. *Psicologia: Reflexao e Critica, 20(3),* 513-522.

Castro, F. N. (2009). Preferenze e scelte romantiche tra gli studenti universitari (tesi di Master). Programma post-laurea in psicobiologia. Università Federale di Rio Grande do Norte, Natal.

Coleta, A. dos S. M. D., Coleta, M. F. D., & Guimaraes, J. L. (2008). L'amore può essere virtuale? La relazione d'amore su Internet. *Psicologia em estudo, 13(2),* 277-285.

De Andrade, A. L., & Garcia, A.(2012). Sviluppo di una misura multidimensionale per la valutazione della qualità delle relazioni sentimentali - Aquarela-R. *Psicologia: Reflexao e Critica, 25* (4), 634643.

Dion, K., Berscheid, E. e Walster, E. (1972). Ciò che è bello è buono. *Journal of Personality and Social Psychology, 24(3),* 285-290.

Duck, S. e Perlman, D. (1985). Le mille isole delle relazioni personali: Un'analisi descrittiva per future esplorazioni. In: S. Duck, & D. Perlman (Org.), *Understanding personal relationships: an interdisciplinary approach* (pp. 1-15), London: Sage.

Eco, U. (2004). *Storia della bellezza.* Rio de Janeiro: Record.

Erikson, E. (1982). *Il ciclo di vita completato: una revisione.* New York: Norton.

Etcoff, N. (1999). *La legge del più bello:* la scienza della bellezza. Objetiva: Rio de Janeiro.

Faux, D. S. (2000). La *bellezza del secolo.* San Paolo: Cosac & Naify Publishing.

Fehr, B. (1996). *Processi di amicizia.* Londra: Sage.

Feingold, A. (1990). Differenze di genere negli effetti dell'attrazione psichica sull'attrazione romantica: un confronto tra cinque paradigmi di ricerca. *Journal of Personality and Social Psychology, 59,* 981-993.

Feingold, A. (1990). Differenze di genere negli effetti dell'attrazione psichica sull'attrazione romantica: un confronto tra cinque paradigmi di ricerca. *Journal of Personality and Social Psychology, 59,* 981-993.

Felmlee, D. e Sprecher, S. (2000). Relazioni strette e psicologia sociale: intersezione e percorsi futuri. *Trimestrale di psicologia sociale, 63,* 365-376.

Ferreira, A. A., Menezes, M. F. G., Tavares, E. L. Nunes, N. C., Souza, F. P. de, Albuquerque, N. A. F., & Pinheiro, M. A. M. (2014). Stato nutrizionale e autopercezione dell'immagine corporea di donne anziane di un'università aperta della terza età. *Revista Brasileira de Geriatria e Gerontologia, 17*(2), 289-301.

Ferreira, A. B. de H. (2004). *Novo dicionario Aurelio da Lingua Portuguesa* (3 ed.). Curitiba: Positivo.

Festinger, L., Schachter, S. e Back, K. (1950). *Pressioni sociali nei gruppi informali: uno studio dei fattori umani nelle abitazioni.* New York: Harper.

Figueiredo, D. de C., Nascimento, F. S., & Rodrigues, M. E. (2017). Discorso, culto del corpo e identità: rappresentazioni del corpo femminile nelle riviste brasiliane. *Linguagem em (Dis)curso, 17*(1), 67-87.

Fin, T. C., Portella, M. R., & Scortegaga, S. A. (2017). Vecchiaia e bellezza corporea delle donne anziane: una conversazione tra donne. *Brazilian Journal of Geriatrics and Gerontology, 20(1),* 77-87.

Fischer, G. (2002). *I concetti fondamentali della psicologia sociale.* Lisbona: Istituto Piaget.

Fisher, H. (1995). *Anatomia dell'amore:* storia naturale della monogamia, dell'adulterio e del divorzio. Rio de Janeiro: Eureka.

Florido, J. (2000). *Platone: vita e opere.* San Paolo: Editora Nova Cultural.

Fontes, O. de A., Borelli, F. C., & Casotti, L. M. (2012). Come essere uomo ed essere bello? Uno studio esplorativo sulla relazione tra mascolinità e consumo di bellezza. *REAd. Revista Eletronica de Administragao (Porto Alegre), 18(2),* 400-432.

Freud, S. (1910/1973). *Cinque collegamenti con la psicoanalisi e contributi alla psicologia dell'amore.* Rio de Janeiro: Imago.

Fromm, E. (1956). *L'arte di amare.* Rio de Janeiro: Zahar.

Goetz, E. (2009). Rappresentazioni sociali del corpo, media e atteggiamenti (tesi di dottorato). Programma post-laurea in Psicologia. Università Federale di Santa Catarina, Florianopolis.

Goetz, E. R., Camargo, B. V., Bertoldo, R. B., & Justo, A. M. (2008). La rappresentazione sociale del corpo nella stampa. *Psicologia e Sociedade, 20(2),* 226-236.

Goldenberg, M. (Org.) (2002). *Nu & Vestido:* dez antropologos relevam a cultura do corpo carioca. Rio de Janeiro: Record.

Goldenberg, M. (2005). Genere e corpo nella cultura brasiliana.*Psicologia Clinica, 17*(2), 65-80.

Gomes, G. R. e Caramaschi, S. (2007). Valutazione della bellezza e dell'intelligenza da parte di adolescenti di diverse classi sociali. *Psicologia em Estudo, 12*(2), 295-303.

Gracindo, G. C. L. (2015). La moralità degli interventi chirurgici a fini estetici secondo la bioetica principialista. *Revista de bioetica* (Impr.), *23(3),* 524-34.

Grisci, C. L. I., Deus, E. S. de, Rech, S., Rodrigues, M. F., & Gois, P. H. de. (2015). Bellezza fisica e lavoro immateriale: Dalla correttezza politica alla redditività. *Psicologia: Ciencia e Profissao, 35*(2), 406-422.

Hamermesh, D., & Briddle, J. E. (1994).Bellezza e mercato del lavoro. *The american economic review, 84(5),* 1174-1194.

Hatfield, E. e Rapson, R.L. (1987). Amore passionale/desiderio sessuale: lo stesso paradigma può spiegare entrambi? *Archivi del comportamento sessuale, 16,* 259-278.

Hatfield, E., & Rapson, R.L. (1993).Love, sex, and initimacy.New York: HarperCollins.

Hatfield, E., & Rapson, R.L. *(1996).Love and Sex:* cross-cultural perspectives. New York: Allyn & Bacon.

Hatfield, E., Singelis, T., Levine, T., Bachman, G., Muto, K., & Choo, P. (2007).Love Schemas, Preferences in RomanticPartners, and Reactions to Commitment. *Interpersona, 7*(1), 1-24.

Heider, F. (1958). Psicologia delle relazioni interpersonali. San Paolo: Livraria Pioneira Editora.

Helman, C. G. (2003). *Cultura, salute e malattia* (4ed): Porto Alegre: Artmed.

Homans, G. C. (1961). *Il comportamento sociale: Le sue forme elementari.* New York: Harcourt, Brace Jovanovich.

Hovland, C. I., Harvey, G. J., & Sherif, M. (1957). Effetti di assimilazione e contrasto nella reazione alla comunicazione e nel cambiamento di atteggiamento. *Journal of Abnormal and Social Psychology, 55,* 244-252.

Hovland, C. I., Janis, I.L., & Kelley, H.H. (1953).*Comunicazione e persuasione.New* Haven: Yale University Press.

Huston, T. L. (1983). *Una prospettiva sull'attrazione interpersonale.* Foundations of Interpersonal Attraction. New York: Academic Press.

Ilari, B. (2006). Musica, comportamento sociale e relazioni interpersonali. *Psicologia em Estudo, 77* (1), 191-198.

Iwanowicz, B, Alves, R., Kofes, S., Lopes, M. I. da S., & Castellani Filho, L. (1994). L'immagine e la coscienza del corpo. In: H. T. Bruhns (org.)

Conversandosobre o corpo (5 ed.), Campinas: Ed. Papirus, pp. 63-81.

Jesus, J. G. de (2011). Attrazione e repulsione interpersonale. In: C. V. Torres & E. R. Neiva (et al.). *Psicologia sociale: temi e filoni principali* (pp. 238-252). Porto Alegre : Artmed.

Jodelet, D. (1994). Le corps, la persone et autrui. In: S. Moscovici (Org.). *Psicologia sociale delle relazioni con l'autismo.* (pp. 41-68). Paris: Nathan.

Jodelet, D., Ohana, J., Bessis-Monino, C., & Dannenmuller, E. (1982). *Systeme de representation du corps et groupes sociaux* (rapporto vol. 1) Laboratoire de Psychologie Sociale : E. H. S. S.

Johnston, V. S. (2006). Decisioni di scelta del compagno: Il ruolo della bellezza del viso. *Trends in Cognitive Sciences, 10*(1), 9-13.

Jones, D. (1991). Soddisfazione amicale e genere: Un esame delle differenze di sesso nei fattori che contribuiscono alla soddisfazione dell'amicizia. *Journal of Social and Personal Relationships, 8,* 167-185.

Jones, E. E., & Pittman, T. S. (1982). Verso una teoria generale dell'autopresentazione strategica. In: J. Suls (a cura di), *Psychological perspectives on the self.* Hillsdale, New Jersey: Erlbaum.

Kaplan, H. S. (1977). *La nuova terapia sessuale.* Rio de Janeiro: Ed. Nova Fronteira.

Kendrick, D. T., Gutierres, S. E., & Goldberg, L. L. (1989). Influenza dei giudizi erotici popolari su estranei e compagni. *Journal of Experimental Social Psychology, 25,* 159-167.

Kenrick, D. T. e Gutierres, S. E. (1980). Effetti di contrasto e giudizi di attrattività fisica: quando la bellezza diventa un problema sociale. *Journal of Personality and Social Psychology, 38,* 131-140.

Kenrick, D.T., Sadalla, E.K., Groth, G. e Trost, M.R. (1990). Evoluzione, tratti e fasi del corteggiamento umano: qualificazione del modello di investimento parentale. *Journal of personality, 58*(1), 97-116.

Kephart, W. (1967). Alcuni correlati dell'amore romantico. *Journal of Marriage and the Family, 29,* 470-479.

Krebs, D. e Adinolfi, A. A.(1975). Attrazione fisica, relazioni sociali e stile di personalità. *Journal of Personality and Social Psychology, 31,* 245-253.

Krueger, R.F., & Caspi, A. (1993). Personalità, eccitazione e piacere: Un test di modelli concorrenti di attrazione interpersonale. *Personalità e differenze individuali, 14,* 105-111.

Langlois, J. H., Ritter, J. M., Roggman, L. A. e Vaughn, L. S. (1991). Diversità facciale e preferenze dei bambini per i volti attraenti. *Psicologia dello sviluppo, 27,* 79-84.

Langlois, J. H., Roggman, L.A., Casey, R. J., Ritter, J. M., Rieser-Danner, L. A., & Jenkins, V. Y. (1987). Preferenze dei neonati per i volti attraenti: Rudimenti di uno stereotipo? *Psicologia dello sviluppo, 23,* 363-369.

Langmeyer, L. e Shank, M. (1994). Gestire la bellezza: prodotti e persone. *Journal of Product & Brand Management, 3*(3), 27-38.

Langmeyer, L. e Shank, M. (1995). Corpo e anima: oltre le implicazioni dell'attrattiva fisica nel comportamento. *Advances in consumer research, 22,* 746-752.

Le Pape, Y. (2006). Bellezza/Laideur. In: B. *Le dictionnaire du corps en sciences humaines et socials* (pp.48-49). Parigi: Edizioni CNRS.

Lee-Manoel, C. L., Morais, M. de L. S. e, Bussab, V. S. R., & Otta, E. (2002). Chi è bello (e mi piace) è bello: effetti della familiarità sulla percezione dell'attrattiva fisica in bambini in età prescolare. *Psicologia: Reflexao e Crtica, 15*(2), 271-282.

Leyens, J.P., & Yzerbyt, V. (1997). *Psicologia sociale.* Lisbona: Edigoes 70.

Lipovetsky, G. (2000). *La terza donna:* permanenza e rivoluzione del femminile. San Paolo: Cia da Letras.

Livramento, M. N., Hor-Meyll, L. F., & Pessoa, L. A. G. de P. (2013). Valori che motivano le donne a basso reddito ad acquistare prodotti di bellezza. *Revista de Administragao Mackenzie, 14*(1), 44-74.

Lott, A. J., & Lott, B. C. (1961).Coesione di gruppo, livello di comunicazione e conformità. *Journal of Abnormal and Social Psychology, 20,* 139148.

Ludgleydson, A., Sa, E. C. do N., & Amaral, E. de B. (2011). Corpo e vecchiaia: uno studio delle rappresentazioni sociali tra gli uomini anziani. *Psicologia: Ciencia e Profissao, 31(3),* 468-481.

Maslow, A. (1974). *Introduzione alla psicologia dell'essere.* Rio de Janeiro: Eldorado.

Matos, M.; Feres-Carneiro, T., & Jablonski, B. (2005). Adolescenza e relazioni amorose: uno studio sui giovani delle classi inferiori di Rio de Janeiro. *Interaqao em Psicologia, 9*(1), 21-33.

Matos, M.; Feres-Carneiro, T., & Jablonski, B. (2005). Adolescenza e relazioni amorose: uno studio sui giovani delle classi inferiori di Rio de Janeiro. *Interaqao em Psicologia, 9*(1), 21-33.

Matos, M.; Feres-Carneiro, T., & Jablonski, B. (2005). Adolescenza e relazioni amorose: uno studio sui giovani delle classi inferiori di Rio de Janeiro. *Interaqao em Psicologia, 9*(1), 21-33.

Moreno, J. L. (1934). *Chi sopravviverà? Un nuovo approccio ai problemi delle interazioni umane.* Wachington, DC: Nervous and Mental Diseases Publishing CO.

Murstein, B, I. (1972). Attrazione fisica e scelta matrimoniale. *Journal of Personality and Social Psychology, 22*(1), 8-12.

Murstein, B, I. (1972). Attrazione fisica e scelta matrimoniale. *Journal of Personality and Social Psychology, 22*(1), 8-12.

Myers, D. G. *(1993).Psicologia sociale.*New York: McGraw Hill.

Nascimento, C. M., Prochno, C. C. S. C., & Silva, L. C. A. da. (2012). Il corpo della donna contemporanea in rassegna. *Fractal: Revista de Psicologia, 24(2),* 385-404.

Neckel, J. e Guizzo, B. S. (2003). Eroticizzare il corpo dei bambini nella società dei consumi.

Newcomb, T.M. (1960). Varietà di attrazione interpersonale. In: D.

Cartwright e A. Zander (a cura di), *Group dynamics: research and theory.* New York: Harper & Row.

Newcomb, T.M. (1961). *Il processo di conoscenza.* New York: Holt, Rinehart and Winston.

Novaes, J. dos S. (2001). *Estetica: il corpo in palestra.* Rio de Janeiro: Shape.

Novaes, J. e Vilhena, J. (2003). Da Cenerentola a Crooked Moor: sul rapporto tra donne, bellezza e bruttezza. *Interaqoes, 8*(15), 9-36.

Oliveira, D.C., Gomes, A. M. T., Marques, S.C., & Thiengo, M.A. (2007). "Rimorchiare", "restare" e "uscire": rappresentazioni sociali delle relazioni tra adolescenti. *Revista. Brasileira de Enfermagem, 60(5),* 497-502.

Ornelas, C. O. (2010). Un'analisi dell'amicizia da una prospettiva evolutiva: l'influenza dei profili cognitivi e delle caratteristiche personali sulla preferenza per i potenziali amici (tesi di Master). Istituto di Psicologia, Università di San Paolo, San Paolo.

Perin, C., Perilla-Rodriguez, L. M., & Fukusima, S. S. (2014). Differenze individuali nelle donne nella valutazione dell'attrattiva facciale: una revisione. *Psicologia: Reflexao e Critica, 27(3),* 531-538.

Pietromonaco, P. R., & Carnelley, K. B. (1994). Genere e modelli di attaccamento: Conseguenze sulla percezione di sé e sulla relazione romantica. *Relazioni personali, 1,* 3-26.

Ponte, V. P. da (2018). Bellezza, produzione e normalizzazione del corpo nelle narrazioni per bambini. *Civitas, 18(1),* 153-170.

Pro-Posigo. 14 (3), 119-130.

Rainio, K. (1961). Processo stocastico dei contratti sociali. *Scandianavian Journal of Psychology, 56,* 114-128.

Rodrigues, A., Assmar, E. M. L., & Jablonski, B. (2002). *Psicologia sociale.* (21 ed.) Petropolis: Editora Vozes.

Rosenzweig, P. (2007). *L'effetto alone... e le altre otto illusioni aziendali che ingannano i manager:* Free Press.

Rushton, JP (1989). Epigenesi e preferenza sociale. *Behavioral and Brain Sciences, 12,* 31-32.

Sampaio, R. P. A. & Ferreira, R. F. (2009). Bellezza, identità e mercato. *Psicologia em Revista,* 15 (1), 120-140.

Samuels. C.A., Butter-worth, T., Roberts, L., Graupner, L., & Hole, G. (1994). Estetica facciale: i bambini preferiscono l'attrattiva alla simmetria. *Percezione, 23,* 823-831.

Schachter, S. (1964).L'interazione delle determinanti cognitive e psicologiche dello stato emotivo.In: L. Bertowitz (a cura di) *Advances in Experimental Social Psychology.* New York: Academic Press.

Scharfe, E., & Bartholomew, K. (1994). Affidabilità e stabilità dei modelli di attaccamento degli adulti.*Relazioni personali, 1,* 23-44.

Schlosser, A.; & Camargo, B. V. (2015a). Rappresentazioni sociali della bellezza fisica per modelle e non modelle. *Psycho, 46*(2), 274-282.

Schlosser, A.; & Camargo, B. V. (2015b). Aspetti non espliciti delle rappresentazioni sociali della bellezza fisica nelle relazioni sentimentali. *Psicologia e Saber Social, 4(*1), 89-107.

Schlosser, A.; Camargo, B. V.; & Teixeira, K. C. (2015). Rappresentazioni sociali della bellezza fisica e relazioni sentimentali. *Interpersona, 9*(1), 1-18.

Secchi, K., Camargo, B. V. e Bertoldo, R. B. (2009). Percezione dell'immagine e rappresentazioni sociali del corpo. *Psicologia. Teoria e Pesquisa, 25,* 229-236.

Silva, L. M. da, & Fukusima, S. S. (2010). I visi simmetrici per riflessione di emifacce non sono più attraenti dei visi naturali. *Psicologia: Reflexao e Critica, 23(3),* 466-475.

Silva, A. A., Mayor, A. S., Almeida, T., Rodrigues, A., Oliveira, L. M.,& Martinez, M. (2005). Determinazione delle storie d'amore più adeguate per descrivere le relazioni amorose e identificazione delle storie d'amore che producono più identificazione, meno identificazione e che le persone vorrebbero sperimentare. *Interaction in Psychology, 9*(2), 297-311.

Silva, S. P. (2002). Considerazioni sulle relazioni amorose in adolescenza. *Caderno Cedes, 22(57),* 23-43.

Silverstein, B., Perdue, L., Peterson, B. e Kelly, E. (1986). Il ruolo dei mass media nella promozione di uno standard di magrezza e attrattività corporea per le donne. *Sex Roles, 14,* 519-532.

Silva, L. M. F. da, & Porpino, K. de O. (2013). La produzione di conoscenza che riguarda il corpo e la bellezza: implicazioni per l'educazione fisica. *Revista Brasileira de Ciencias do Esporte, 35*(2), 327340.

Silva, H. C. da, & Rey, S. (2011). Bellezza e femminilità: una visione psicoanalitica. *Psicologia: Ciencia e Profissao, 31*(3), 554-567.

Silva, T. R. da, Saenger, G., & Pereira, E. F. (2011). Fattori associati all'immagine corporea negli studenti di educazione fisica. *Motriz, 17*(4), 630639.

Simili, I. G., & Souza, M. C. de. (2015). La bellezza delle ragazze in "I consigli di Barbie". *Cadernos de Pesquisa, 45*(155), 200-217.

Skinner, B. F. (1991). *Questioni recenti nell'analisi del comportamento.* Campinas, SP: Papirus.

Socci, V. (1983). *Elaborazione e validazione di una scala di atteggiamenti verso il sesso (*tesi di dottorato). Istituto di Psicologia. Università di San Paolo, San Paolo.

Sones, M. (2004). *La bellezza umana.* Disponibile all'indirizzo: www.beautywords.com. Consultato il: 23 settembre 2012.

Souza, L. K. (2006). L'amicizia negli adulti: adattamento e validazione dei questionari MCGILL e studio delle differenze di genere (tesi di dottorato). Corso di laurea in   Psicologia dell'Università di San Paolo.

Sviluppo. Università federale di Rio Grande do Sul, Porto Alegre.

Souza, R. B. de. (2011). Vendite dirette e comportamento dei consumatori di prodotti di bellezza (Monografia). Dipartimento di Amministrazione. Facoltà di Economia, Amministrazione e Contabilità, Brasilia, D. F.

Souza, M. R. R., Oliveira, J. F., Nascimento, E. R., & Carvalho, E. S. S. (2013). Il corpo droga! Immagini e rappresentazioni del corpo femminile nelle riviste brasiliane. *Revista Gaucha de Enfermagem, 34(2),* 62-69.

Sterberg, R. J., & Grajek, S. (1984). La natura dell'amore. *Journal of Personality and Social Psychology, 47,* 312-329.

Sternberg, R. J. (1986). Una teoria triangolare dell'amore.*Psychological Review, 93,* 119-135.

Sternberg, R. J. (1989). *Il triangolo dell'amore:* intimità, passione e impegno. Barcellona: Paidos.

Sternberg, R. J. e Grajek, S. (1984). La natura dell'amore. *Journal of Personality and Social Psychology, 47,* 312-329.

Strehlau, V. I., Claro, D. P., & Laban Neto, S. A. (2015). La vanità guida il consumo di cosmetici e procedure chirurgiche estetiche nelle donne? Un'indagine esplorativa. *Revista de administragao, 50(1),* 73-88.

Sullivan, M.S. (1947). *Concezione della psichiatria moderna .Washington,* Psychological Foundation.

Teixeira, S. A. (2001). Produzione e consumo sociale della bellezza. *Horizontes Antropologicos, 7*(16), 189-220.

Teixeira, T. P. (2012). Musica e bellezza in San Tommaso d'Aquino (tesi di Master). Programma post-laurea in Musica, Università Federale del Paranà, Curitiba, Paranà.

Teixeira, M. L. S., Freitas, C. M. S. M. de, & Caminha, I. de O. (2014). La bellezza femminile come potere: svelare altri significati per la costruzione estetica del sé. *Revista brasileira de ciencias do esporte,* 36(2), 485-500.

Thomsen, S.R., McCoy, J.K., Gustafson, R.L., & Williams, M. (2002).Motivazioni per la lettura di riviste di moda e bellezza e rischio di anoressia in *donne* in età universitaria.*Media Psychology, 2* (4), 113-135.

Tokumaru, R. S., Baumel, S. W., Aires, F. C. G. Viana, D. P., Ambrosio, L. de A., Aguiar, Y. N. de, & Monteiro, R. N. (2010). L'effetto dell'infedeltà sull'attrattiva facciale di uomini e donne. *Estudos de Psicologia (Natal),*

15(1), 103-110.

Vala, J., & Monteiro, B. (2006). *Psicologia sociale* (7ª Ed.). Lisbona: Fondazione Calouste Gulbenkian

Ventorini, B. e Garcia, A. (2004). Le relazioni interpersonali: dal lavoro di Robert Hinde alla gestione delle persone. *Revista de Psicologia Organizacional e do Trabalho, 4*(2), 117-143.

Vigarello, G. (2006). *Storia della bellezza:* il corpo e l'arte di abbellire, dal Rinascimento ai giorni nostri.Rio de Janeiro: Ediouro.

Vilhena, J. de V., Medeiros, S., & Novaes, J. de V. (2005). La violenza dell'immagine: estetica, femminilità e contemporaneità. *Revista Mal-estar e Subjetividade, 5*(1), 109-144.

Wedell, D. H., Parducci, A., & Geiselman, R. E. (1987). Un'analisi formale della valutazione dell'attrattiva fisica: contrasto successivo e *assimilazione* simultanea.*Journalof Experimental Social Psychology, 23,* 230-249.

Weingartner, C. L., John, D., Bonamigo, L. R., & Goidanich, M. (1995).La permanenza e la frequentazione viste dagli adolescenti. *Psicologia: Reflexao e Critica, 8*(2), 181-203.

White, G. L., Fishbein, S., & Rutstein, J. (1981).L'amore passionale e l'errata attribuzione dell'eccitazione. *Journal of Personality and Social Psychology, 20,* 55-64.

Whyte, W. H. (1956). *L'uomo organizzativo.* New York: Simon and Schuster.

Wilson, G. (1981). *L'effetto Coolidge: un resoconto evolutivo della sessualità umana.* New York: Willian Morrow.

Witt, J. da S. G. Z., & Schneider, A. P. (2011).Nutrizione estetica: valorizzare il corpo e la bellezza attraverso le cure nutrizionali. *Ciencia & Saude Coletiva, 16(9),* 3909-3916.

Wilson, G. D. (1978). *I segreti della fantasia sessuale.* Londra: J. M. Dent.

Wolf, N. (1992). *Il mito della bellezza:* come le immagini di bellezza vengono usate contro le donne. Rocco: Rio de Janeiro.

Zanetti, M. C., Moiolli, A., Schiavon, M. K., & Rebustini, F., Machado, A. (2012). Corpi belli negli ambienti virtuali: uno studio attraverso la sociologia visuale. *Revista de Educaqao Fisica/UEM, 23*(3), 411-420.

Zimbardo, P. G. (1960). Differenze di coinvolgimento e comunicazione nel comportamento aggressivo. *Comportamento aggressivo, 14,* 51-64.

Printed by Books on Demand GmbH, Norderstedt / Germany